MW01514568

**EDAF**

MADRID - MÉXICO - BUENOS AIRES

FRIEDRICH NIETZSCHE

# EL ANTICRISTO

# CÓMO SE FILOSOFA
# A MARTILLAZOS

BIBLIOTECA EDAF

81

Director de la colección:
MELQUÍADES PRIETO

© De la traducción: CARLOS VERGARA
© 1985. De esta edición, Editorial EDAF, S.A.

Editorial EDAF, S. A. Jorge Juan, 30. 28001 Madrid
Dirección en Internet: http://www.edaf.net
Correo electrónico: edaf@edaf.net

Edaf y Morales, S. A.
Oriente, 180, n.º 279. Colonia Moctezuma, 2da. Sec.
C. P. 15530. México, D. F.
Dirección en Internet: http://www.edaf-y-morales.com.mx
Correo electrónico: edaf@edaf-y-morales.com.mx

Edaf y Albatros, S. A.
San Martín, 969, 3.º, Oficina 5.
1004 - Buenos Aires, Argentina.
Correo electrónico: edafal3@interar.com.ar

*17.ª edición, mayo 2001*

Depósito legal: M. 20.609-2001
ISBN: 84-7166-444-5

PRINTED IN SPAIN                    IMPRESO EN ESPAÑA
Gráficas COFAS, S. A. - Pol. Ind. Prado de Regordoño - Móstoles (Madrid)

# ÍNDICE

# NIETZSCHE

*Los hallazgos de Nietzsche—según dijimos en las páginas liminares a sus* Obras Inmortales *(1)—, con mucho de chispa o adivinación rutilante, impresionan no sólo por la carga verdadera que ellos suponen, sino por la tensión a que se nos brindan en lo mejor de sus trabajos. El filósofo alemán (1844-1900), en pocos libros como en* EL ANTICRISTO, *de condición eminentemente polémica, escribe más cara a cara, más cerca, como si dijéramos, de su problema, sin preocuparse de que lo polémico llegue a la discutible situación de lo panfletario, encendido por su verdad. En éste y en* CÓMO SE FILOSOFA A MARTILLAZOS—*ensayo diverso, de amplio temario, con sutilezas y adivinaciones más o menos desconcertantes—, la capacidad crítica se hace luz en esa magia arrebatadora de una prosa fulgurante. El cristianismo, según él, negaba la vida y condenaba sus valores, al ser consecuencia de espíritus débiles. Y cuando en el primer libro de los aquí recogidos trata de contar la* verdadera *historia de aquello que combate, se descubre como apóstol de ese "pesimismo de la fuerza"—la fuerza, entiéndase bien, como vigor y no como capacidad aplastante—que lo ha conver-*

(1) *Obras Inmortales,* Federico Nietzsche. Editorial EDAF, Madrid, 1968.

*tido culturalmente en un* desmontador *importantísimo de lo que él supuso débil y decadente.*

*Estos dos libros, que en planos muy diversos pudieran utilizarse como introducción a su gran problemática, nos muestran al autor de* Zaratustra *en pleno profetismo.* "El profetismo nietzscheano—como Ferrater asegura—es pura y simplemente una consecuencia de su crítica de los valores de la cultura presente, pues la cultura que ha abrazado una falsa tabla de valores debe desembocar necesariamente en el hundimiento y en la decadencia; debe quedar sepultada por la marea que avanza impetuosa y de la cual sólo se salvarán los que sienten como propia la necesaria superación del hombre." "La filosofía de Nietzsche—continúa el filósofo español—está enteramente expresada en los principios de su nueva valoración, que comprende la subordinación del conocimiento a la necesidad vital e inclusive biológica, la formulación de una lógica para la vida, el establecimiento de un criterio de verdad según la elevación del sentimiento de dominio, la negación de lo universal y necesario, la lucha contra todo lo metafísico y absoluto." *Porque Nietzsche, como tan claro puede verse en las dos obras que se reúnen en este volumen, se sitúa frente a la moralidad que encarcela y de parte de la naturalidad liberadora. Sintiéndose profeta de todo lo que se opone a la objetividad, bondad, humildad, satisfacción, piedad y amor al prójimo, que para el filósofo resultaban valores inferiores.*

*Su espíritu* emancipado, *como gustaba definirse, se dispone a entender con* EL ANTICRISTO *algo que ha sido mal entendido por espacio de diecinueve centurias. El Evangelio, que para Nietzsche está sepultado por el edificio de la Iglesia, sólo puede continuarse, como si dijéramos, por el* interrogante tremendo *del cristianismo, siempre y cuando los hombres no se postren ante lo contrario de su origen, sentido y derecho.* Cristo, en el aporte polémico nietzscheano, no murió para redimir a los hombres, sino para enseñarles cómo hay que vivir antes que nada. Y su profecía, que tiene en EL ANTICRISTO todo el matiz de una enorme protesta, lamenta en principio la vulgarización de un credo que tenía que volverse tan enfermo, bajo y vulgar como las necesidades que estaba llamado a satisfacer. Llegando a afirmar, como si se tratara de un descubrimiento incontrovertible, "lo que antes era una enfermedad, es ahora una indecencia; ahora es indecente ser cristiano. Y éste es el punto de partida de mi asco".

En torno suyo no queda una sola palabra—escribe—de lo que en su tiempo se llamara verdad; ya no se soporta ni que un sacerdote pronuncie esta palabra. Para Nietzsche las frases de los teólogos, de los sacerdotes y hasta del papa no son errores, sino mentiras. La sofisticación eclesiástica tiene por objeto desvalorizar la Naturaleza, sus amados valores naturales. Comenzando desde afirmaciones tan tajantes su combate por la falta de "fines santos" del cristianismo, reemplazados por esos fines malos que para el autor de Humano, demasiado humano son el emponzoñamiento, detracción y negación de la vida, el desprecio hacia el cuerpo, la degradación y autoviolación del hombre por el concepto del pecado. ¿Qué diferencia hay entre la convicción y la mentira?, llega a preguntarse. Todo, todo le parece a Nietzsche falso en el existencial, tremendo ANTICRISTO. Llamando concretamente mentira, en algún pasaje del mismo, a empeñarse en no ver lo que se ve, dando igual que la mentira se produzca ante testigos o sin ellos.

De hallazgo en hallazgo, de grito en grito, de protesta en protesta, Nietzsche plantea contra la Iglesia cristiana la acusación más terrible que ha sido formulada jamás por acusador alguno. Para él, la primera institución católica "ha contagiado su corrupción a *todas las cosas; ha hecho de todo valor un sinvalor, de toda verdad una mentira y de toda probidad una falsía del alma".* A la hora de las precisiones llega a decir que la *"igualdad de las almas ante Dios"* es simplemente dinamita cristiana. Convencido de que el parasitismo, práctica exclusiva, según él, de la Iglesia, *"con su ideal de anemia, chupa toda sangre, todo amor, toda esperanza de vida".* Cuando Nietzsche dice: *"tengo un alfabeto aun para los ciegos, que quiero escribir en todas las paredes",* define indirectamente la dimensión de su ANTICRISTO. Porque los sesenta y dos fragmentos de su obra, con el impacto natural de la literatura aforística, son algo así como sesenta y dos violencias, sesenta y dos verdades subjetivísimas, escritas con necesidad extrema en esas paredes o pizarras donde los espíritus singulares enumeran sus pretensiones filosóficas.

Este ajuste de cuentas al cristianismo, que en definitiva resulta la obra de Nietzsche, entiende al Renacimiento como una tentativa de transmutar los valores cristianos. Para el autor de CÓMO SE FILOSOFA A MARTILLAZOS—*conjunto de opiniones, de atisbos sobre figuras, ideas y problemas, más que un trabajo de voluntaria coherencia*—no ha habido otra gran guerra parecida a la renacentista, cuyos postulados esenciales resultan hermanos de los suyos. Sin embargo, lo que el Renacimiento supuso se vino abajo, en su criterio, por cobardía de los hombres, que en vez de encontrar lo grandioso por el camino de la vida, sólo supieron —*como asegura en el segundo de los libros que en este volumen se publica*—ser lacayos de su ideal. Y porque esta cobardía no les permitió siempre diferenciar cuándo eran auténticos y cuándo no llegaban más que a comediantes.

Por encima de lo que pueda pensarse de textos tan controvertibles, la defensa de la vida resulta en ellos *objetivo y recompensa que no agradeceremos bastante. En momentos que los existencialistas nos enfrentan con lo patético, cerrado, insolucionable del hombre, reencontrar en Nietzsche una atroz confianza "en el sí, en el no, en la recta, en la meta...", obliga al agradecimiento de quien supo brindar en su obra la consecuencia de su pensar y de su humano sacrificio. Creyentes y descreídos tienen derecho a pensar de este libro todo lo que el mismo les sugiera, irritándoles o alegrándoles. Pero unos y otros, al incendiarse de distinta manera con este llamear intelectual de primera categoría, deben reconocer, sin discusión posible, que estamos ante una de esas creaciones intelectuales en las que el espíritu humano se eleva a una altura sencillamente deslumbrante.*

# EL ANTICRISTO

1

MIRÉMONOS cara a cara. Somos hiperbóreos; sabemos perfectamente bien hasta qué punto vivimos aparte. "Ni por mar ni por tierra encontrarás un camino que conduzca a los hiperbóreos"; ya Píndaro supo esto, mucho antes que nosotros. Más allá del Norte, del hielo, de la muerte; *nuestra* vida, *nuestra* felicidad... Hemos descubierto la felicidad, conocemos el camino, hemos encontrado la manera de superar milenios enteros de laberinto. ¿Quién *más* la ha encontrado? ¿El hombre moderno acaso? "Estoy completamente desorientado, soy todo lo que está completamente desorientado", así se lamenta el hombre moderno... De *este* modernismo estábamos aquejados; de la paz ambigua, de la transacción cobarde, de toda la ambigüedad virtuosa del moderno sí y no. Esta tolerancia y *largeur* del corazón que todo lo "perdona" porque todo lo "comprende" se convierte en *sirocco* para nosotros. ¡Más vale vivir entre ventisqueros que entre las virtudes modernas y demás vientos del Sur!... Éramos demasiado valientes, no teníamos contemplaciones para nosotros ni para los demás; pero durante largo tiempo no sabíamos encauzar nuestra valentía. Nos volvimos sombríos y se nos llamó fatalistas. *Nuestro fatum* era la plenitud, la tensión, la acumulación de las energías. Ansiábamos el rayo y la acción; de lo que siempre más alejados nos manteníamos era de la felicidad de los débiles, de la "resignación"... Nuestro ambiente era tormentoso; la Naturaleza en que consistimos se oscurecía, *pues no teníamos un camino*. La fórmula de nuestra felicidad: un sí, un no, una recta, una *meta*...

## 2

¿Qué es bueno? Todo lo que acrecienta en el hombre el sentimiento de poder, la voluntad de poder, el poder mismo.

¿Qué es malo? Todo lo que proviene de la debilidad.

¿Qué es felicidad? La conciencia de que se *acrecienta* el poder; que queda superada una resistencia.

*No* contento, sino aumento de poder; *no* paz, sino guerra; *no* virtud, sino aptitud (virtud al estilo renacentista, *virtù*, virtud carente de moralina).

Los débiles y malogrados deben perecer; tal es el axioma capital de *nuestro* amor al hombre. Y hasta se les debe ayudar a perecer.

¿Qué es más perjudicial que cualquier vicio? La compasión activa con todos los débiles y malogrados; el cristianismo...

## 3

El problema que así planteo no es: qué ha de reemplazar a la humanidad en la sucesión de los seres (el hombre es un *fin)*, sino qué tipo humano debe ser desarrollado, potenciado, entendido como tipo superior, más digno de vivir, más dueño de porvenir.

Este tipo humano superior se ha dado ya con harta frecuencia, pero como golpe de fortuna, excepción, nunca como algo *pretendido*. Antes al contrario, precisamente él ha sido el más temido, era casi la encarnación de lo terrible; y como producto de este temor ha sido *pretendido*, desarrollado y *alcanzado* el tipo opuesto: el animal doméstico, el hombre-rebaño, el animal enfermo "hombre"; el cristiano...

### 4

La humanidad *no* supone una evolución hacia un tipo mejor, más fuerte o más elevado, en la forma como se lo cree hoy día. El "progreso" no es más que una noción moderna, vale decir, una noción errónea. El europeo de ahora es muy inferior al europeo del Renacimiento; la evolución *no* significa en modo alguno y necesariamente acrecentamiento, elevación, potenciación.

En un sentido distinto cuajan constantemente en los más diversos puntos del globo y en el seno de las más diversas culturas, casos particulares en los que se manifiesta en efecto un *tipo superior:* un ser que en comparación con la humanidad en su conjunto viene a ser algo así como un superhombre. Tales casos excepcionales siempre han sido posibles y acaso lo serán siempre. Y linajes, pueblos enteros pueden encarnar eventualmente tal golpe de fortuna.

### 5

No es posible adornar y engalanar al cristianismo; ha librado *una guerra a muerte* contra este tipo humano *superior,* ha execrado todos los instintos básicos del mismo y extraído de dichos instintos el mal, *al* Maligno: al hombre pletórico como el hombre típicamente reprobable, como el "réprobo". El cristianismo ha encarnado la defensa de todos los débiles, bajos y malogrados; ha hecho un ideal del *repudio* de los instintos de conservación de la vida pletórica; ha echado a perder hasta la razón inherente a los hombres intelectuales más potentes, enseñando a sentir los más altos valores de la espiritualidad como pecado, extravío y *tentación*. El ejemplo más deplorable es la ruina de Pascal; quien creía que su razón estaba corrompida por el pecado original, cuando en realidad estaba corrompida por el cristianismo.

## 6

¡Espectáculo doloroso, pavoroso, el que se me ha revelado! Descorrí el velo de la *corrupción* del hombre. Esta palabra, en mis labios, está por lo menos al abrigo de *una* sospecha: la de que comporte una acusación moral contra el hombre. Está entendida—insisto en este tema—*carente de moralina;* y esto hasta el punto que para mí esta corrupción se hace más patente precisamente allí donde en forma más consciente se ha aspirado a la "virtud", a la "divinidad". Como se ve, yo entiendo la corrupción como *décadence;* sostengo que todos los valores en los que la humanidad sintetiza ahora su aspiración suprema son *valores de la décadence.*

Se me antoja corrupto el animal, la especie, el individuo que pierde sus instintos; que elige, *prefiere,* lo que no le conviene. La historia de los "sentimientos sublimes", de los "ideales de la humanidad"—y es posible que yo tenga que contarla—sería, casi, también la explicación del *porqué* de la corrupción del hombre. La vida se me aparece como instinto de crecimiento, de supervivencia, de acumulación de fuerzas, de *poder;* donde falta la voluntad de poder, aparece la decadencia. Afirmo que en todos los más altos valores de la humanidad *falta* esta voluntad; que bajo los nombres más sagrados imperan valores de la decadencia, valores *nihilistas*.

7

Se llama al cristianismo la religión de la *compasión*. La compasión es contraria a los efectos tónicos que acrecientan la energía del sentimiento vital; surte un efecto depresivo. Quien se compadece pierde fuerza. La compasión agrava y multiplica la pérdida de fuerza que el sufrimiento determina en la vida. El sufrimiento mismo se hace contagioso por obra de la compasión; ésta es susceptible de causar una pérdida total en vida y energía vital absurdamente desproporcionada a la cantidad de la causa (el caso de la muerte del Nazareno). Tal es el primer punto de vista; mas hay otro aún más importante. Si se juzga la compasión por el valor de las reacciones que suele provocar, se hace más evidente su carácter antivital. Hablando en términos generales, la compasión atenta contra la ley de la evolución, que es la ley de la *selección*. Preserva lo que debiera perecer; lucha en favor de los desheredados y condenados de la vida; por la multitud de lo malogrado de toda índole que *retiene* en la vida, da a la vida misma un aspecto sombrío y problemático. Se ha osado llamar a la compasión una virtud (en toda moral *aritocrática* se la tiene por una debilidad); se ha llegado hasta a hacer de ella *la* virtud, raíz y origen de toda virtud; claro que—y he aquí una circunstancia que siempre debe tenerse presente—desde el punto de vista de una filosofía que era nihilista, cuyo lema era la *negación de la vida*. Schopenhauer tuvo en esto razón: por la compasión de la vida se niega, se hace *más digna de ser negada;* la compasión es la *práctica* del nihilismo. Este instinto depresivo y contagioso, repito, es contrario a los instintos tendentes a la preservación y la potenciación de la vida; es como *multiplicador* de la miseria y *preservador* de todo lo miserable, un instrumento principal para el acrecentamiento de la *décadence;* ¡la compasión seduce a *la nada!...* Claro que no se dice "la nada", sino "más allá", o "Dios", o "la vida verdadera", o "nirvana, redención, bienaventuranza"... Esta retórica inocente del reino de la idiosincrasia religioso-moral aparece al momento *mucho menos inocente* si se comprende cuál es la tendencia que aquí se envuelve en el manto de las palabras sublimes: la tendencia *antivital.* Schopenhauer era un enemigo de la vida; por esto la compasión se le apareció como una virtud... Aristóteles, como es sabido, definió la compasión como estado morboso y peligroso que convenía combatir de vez en cuando mediante una purga; entendió la tragedia como purgante. Desde el punto de vista del instinto vital, debiera buscarse, en efecto, un medio para punzar tal acumulación morbosa y peligrosa de la compasión como la representa el caso Schopenhauer (y, desgraciadamente, toda nuestra *décadence* literaria y artística, desde San Petersburgo hasta París, desde Tolstoi hasta Wagner); para que *reviente...* Nada hay tan malsano, en medio de nuestro modernismo malsano, como la compasión cristiana. Ser en este caso médico, mostrarse implacable, empuñar el bisturí, es propio de *nosotros;* ¡tal es *nuestro* amor a los hombres, con esto somos nosotros filósofos, nosotros los hiperbóreos!

## 8

Es necesario decir a quién consideramos nuestro antípoda: a los teólogos y todo aquel por cuyas venas corre sangre de teólogo; a toda nuestra filosofía...

Hay que haber visto de cerca la fatalidad, aún mejor, haberla experimentado en propia carne, haber estado en trance de sucumbir a ella, para dejarse de bromas en esta cuestión (el libre-pensamiento de nuestros señores naturalistas y fisiólogos es a mi entender una *broma;* les falta la pasión en estas cosas, no sufren por ellas). Ese emponzoñamiento va mucho más lejos de lo que se cree; he encontrado el instinto de teólogo de la "soberbia" en todas partes donde el hombre se siente hoy "idealista", donde en virtud de un presunto origen superior se arroga el derecho de adoptar ante la realidad una actitud de superioridad y distanciamiento... El idealista, como el sacerdote, tiene todos los grandes conceptos en la mano (¡y no solamente en la mano!) y con desprecio condescendiente los opone a la "razón", los "sentidos", los "honores", el "bienestar" y la ciencia"; todo esto lo considera *inferior,* como fuerzas perjudiciales y seductoras sobre las cuales flòta el "espíritu" en estricta autonomía; como si la humildad, la castidad, la pobreza, en una palabra: la *santidad,* no hubiese causado hasta ahora a la vida un daño infinitamente más grande que cualquier cataclismo y vicio... El espíritu puro es pura mentira... Mientras el sacerdote, este negador, detractor y envenenador *profesional* de la vida, sea tenido por un tipo humano *superior,* no hay respuesta a la pregunta: ¿qué *es* verdad? Se ha puesto la verdad patas arriba si el abogado consciente de la nada y de la negación es tenido por el representante de la "verdad"...

## 9

Yo combato este instinto de teólogo; he encontrado su rastro en todas partes. Quien tiene en las venas sangre de teólogo adopta desde un principio una actitud torcida y mendaz ante todas las cosas. El *pathos* derivado de ella se llama *fe:* cerrar los ojos de una vez por todas ante sí mismo, para no sufrir el aspecto de la falsía incurable. Se hace una moral, una virtud, una santidad de esta óptica deficiente, relativa a todas las cosas; se vincula la conciencia tranquila con la perspectiva *torcida;* se exige que ninguna óptica *diferente* pueda tener ya valor, tras haber hecho sacrosanta la suya propia con los nombres de "Dios", "redención" y "eterna bienaventuranza". He sacado a luz por doquier el instinto de teólogo; es la modalidad más difundida, la propiamente *solapada,* de la *falsía.* Lo que un teólogo siente como verdadero no puede por menos de ser falso; casi pudiera decirse que se trata de un criterio de la verdad. Su más soterrado instinto de conservación prohíbe que la realidad sea verdadera, ni siquiera pueda manifestarse, en punto alguno. Hasta donde alcanza la influencia de los teólogos está puesto al revés el *juicio de valor,* están invertidos, por fuerza, los conceptos "verdadero" y "falso"; lo más perjudicial para la vida se llama aquí "verdadero" y lo que eleva, acrecienta, afirma, justifica y exalta la vida se llama "falso"... Dondequiera que veamos a teólogos extender la mano, a través de la "conciencia" de los príncipes (o de los pueblos), hacia el *poder,* no dudemos de que en definitiva es la voluntad antivital, la voluntad *nihilista,* la que aspira a dominar y la que se encuentra en juego...

## 10

Entre alemanes se comprende en seguida si digo que la filosofía está corrompida por la sangre de teólogo. El pastor protestante es el abuelo de la filosofía alemana y el protestantismo mismo es su pecado original. Definición del protestantismo: la hemiplejía del cristianismo y de la razón... Basta pronunciar la palabra "Seminario de Tubinga" para comprender qué cosa es, en definitiva, la filosofía alemana: una teología *pérfida*... El suabo es el mentiroso número uno en Alemania; miente con todo candor... ¿Cuál es la causa del regocijo que el advenimiento de Kant provocó en el mundo de los eruditos alemanes, cuyas tres cuartas partes se componen de hijos de pastores y maestros? ¿Cuál es la causa de la convicción alemana, que todavía halla eco, de que a partir de Kant las cosas andan *mejor?* El instinto de teólogo agazapado en el erudito alemán adivinó lo que volvía a ser posible... Estaba abierto un camino por donde retornar subrepticiamente al antiguo ideal; el concepto "mundo *verdadero*" y el concepto de la moral como *esencia* del mundo (¡los dos errores más perniciosos que existen!), gracias a un escepticismo listo y ladino volvían a ser, ya que no demostrables, sí *irrefutables*... La razón, el *derecho* de la razón, había decretado Kant, no alcanza tan lejos... Se había hecho de la realidad una "apariencia"; se había hecho de un mundo enteramente *ficticio,* el del Ser, la realidad... El éxito de Kant no es más que el éxito de un teólogo; Kant, como Lutero, como Leibniz, fue una cortapisa más de la probidad alemana, demasiado floja de suyo.

## 11

Diré aún dos palabras contra el *moralista* Kant. Toda virtud debe ser la propia invención de uno, la íntima defensa y necesidad de uno; en cualquier otro sentido sólo es un peligro. Lo que no está condicionado por nuestra vida, la *perjudica;* cualquier virtud practicada nada más que por respeto al concepto "virtud", como lo postulaba Kant, es perjudicial. La "virtud", el "deber", el "bien en sí", el bien impersonal y universal; todo esto son quimeras en las que se expresa la decadencia, la debilidad última de la vida, lo chinesco a la königsberguiana. Las más fundamentales leyes de conservación y crecimiento prescriben justamente lo contrario: que cada cual debe inventarse su propia virtud, su propio imperativo categórico. Un pueblo sucumbe si confunde su específico deber con el deber en sí. Nada arruina de manera tan profunda e íntima cualquier deber "impersonal", cualquier sacrificio en aras del Moloc de la abstracción. ¡Cómo no se sintió el imperativo categórico de Kant como un *peligro mortal!*... ¡El instinto de teólogo llevó a cabo su defensa! Un acto impuesto por el instinto de la vida tiene en el placer que genera la prueba de que es un acto *justo;* sin embargo, ese nihilista de entrañas cristiano-dogmáticas entendía el placer como *objeción*... ¿Qué arruina tan rápidamente como trabajar, pensar y sentir sin que medie una necesidad interior, una vocación hondamente personal, un placer?, ¿cómo autómata del "deber"? Tal cosa es nada menos que la receta para la *décadence,* hasta para la idiotez... Kant se convirtió en un idiota. ¡Y fue el contemporáneo de *Goethe!* ¡Esta araña fatal ha sido, y sigue siendo, considerada como el filósofo *alemán!*... Me cuido muy mucho de decir lo que pienso de los alemanes... ¿No interpretó Kant la Revolución francesa como el paso de la forma inorgánica del Estado a la forma *orgánica?* ¿No se preguntó él si había un acontecimiento que no podía explicarse más que por una predisposición moral de la humanidad, así que quedaba *demostrada* de una vez por todas la "tendencia de la humanidad al bien"?; ¿y no se dio esta respuesta: "este acontecimiento es la Revolución"? El instinto equivocado en todas las cosas, la antinaturalidad como instinto, la *décadence alemana* como filosofía; *¡he aquí Kant!*

## 12

Abstracción hecha de algunos escépticos, que representan el tipo decente de la filosofía, el resto desconoce las exigencias elementales de la probidad intelectual. Todos esos grandes idealistas y portentosos se comportan como las mujeres: toman los "sentimientos sublimes" por argumentos, el "pecho expandido" por un fuelle de la divinidad y la convicción por el *criterio* de la verdad. Por último, Kant, con candor "alemán", trató de dar a esta forma de la corrupción, a esta falta de conciencia intelectual, un carácter científico mediante el concepto "razón práctica"; inventó expresamente una razón para el caso en que no se debía obedecer a la razón, o sea cuando ordenaba el precepto moral, el sublime imperativo del "tú debes". Considerando que en casi todos los pueblos el filósofo no es sino la evolución ulterior del tipo sacerdotal, no sorprende este legado del sacerdote, *la sofisticación ante sí mismo:* Quien tiene que cumplir santas tareas, por ejemplo la de perfeccionar, salvar, redimir a los hombres; quien lleva en sí la divinidad y es el portavoz de imperativos superiores, en virtud de tal misión se halla al margen de toda valoración exclusivamente racional; ¡él mismo está *santificado* por semejante tarea, él mismo es el exponente de un orden superior!... ¡Qué le importa al sacerdote la *ciencia!* ¡Él está por encima de esto! ¡Y hasta ahora ha dominado el sacerdote! ¡Él *determinaba* los conceptos "verdadero" y "falso"!

## 13

Apreciemos cabalmente el hecho de que *nosotros mismos,* los espíritus libres, somos ya una "transmutación de todos los valores", una *viviente* y triunfante declaración de guerra a todos los antiguos conceptos de "verdadero" y "falso". Las conquistas más valiosas del espíritu son las últimas en lograrse; mas las conquistas más valiosas son los *métodos.* Durante milenios *todos* los métodos, *todas* las premisas de nuestro actual cientifismo han chocado con el más profundo desprecio; con ellos se estaba excluido del trato con los "hombres de bien", se era considerado como un "enemigo de Dios", un detractor de la verdad, un "poseído". Como espíritu científico se era un *tshandala...* Hemos tenido que hacer frente a todo el *pathos* de la humanidad, a su noción de lo que *debe* ser la verdad, de lo que *debe* ser el culto de la verdad; hasta ahora, todo "tú debes" estaba dirigido *contra* nosotros... *Nuestros* objetos, nuestras prácticas, nuestro modo de proceder tranquilo, cauteloso y desconfiado; todo esto le parecía desde todo punto indigno y despreciable. Pudiera preguntarse, en definitiva, y no sin fundamento, si no ha sido en el fondo un gusto *estético* lo que durante tanto tiempo ofuscaba a la humanidad; ésta exigía a la verdad un efecto *pintoresco,* y asimismo al cognoscente que ejerciera un fuerte estímulo sobre los sentidos. Nuestra modestia ha sido lo que desde siempre era contrario a su gusto... ¡Oh, qué bien adivinaron esto esos pavos de Dios!

## 14

Hemos rectificado conceptos. Nos hemos vuelto más modestos en toda la línea. Ya no derivamos al hombre del "espíritu", de la "divinidad"; lo hemos reintegrado en el mundo animal. Se nos antoja el animal más fuerte, porque es el más listo; una consecuencia de esto es su espiritualidad. Nos oponemos, por otra parte, a una vanidad que también en este punto pretende levantar la cabeza; como si el hombre hubiese sido el magno propósito subyacente a la evolución animal. No es en absoluto la cumbre de la creación; todo ser se halla, al lado de él, en idéntico peldaño de la perfección... Y afirmando esto aun afirmamos demasiado; el hombre es, relativamente, el animal más malogrado, más morboso, lo más peligrosamente desviado de sus instintos, ¡claro que por eso mismo también *el más interesante!* En cuanto a los animales, Descartes fue el primero en definirlos con venerable audacia como *machinas;* toda nuestra fisiología está empeñada en probar esta tesis. Lógicamente, nosotros ya no exceptuamos al hombre, como lo hizo aun Descartes; se conoce hoy día al hombre exactamente en la medida en que está concebido como *machina.* En un tiempo se atribuía al hombre, como don proveniente de un orden superior, el "libre albedrío"; ahora le hemos quitado incluso la volición, en el sentido de que ya no debe ser interpretada como una facultad. El antiguo término "voluntad" sólo sirve para designar una resultante, una especie de reacción individual que sigue necesariamente a una multitud de estímulos en parte encontrados, en parte concordantes; la voluntad ya no "actúa", ya no "acciona"... En tiempos pasados se consideraba la conciencia del hombre, el "espíritu", como la prueba de su origen superior, de su divinidad; para *perfeccionar* al hombre, se le aconsejaba retraer los sentidos al modo de la tortuga, cortar relaciones con las cosas terrenas y despojarse de lo que tiene de mortal, quedando entonces lo principal de él, el "espíritu puro". También en este respecto hemos rectificado conceptos; la concien-

33

cia, el "espíritu" se nos aparece precisamente como síntoma de una imperfección relativa del organismo, como tanteo, ensayo, y yerro, como esfuerzo en que se gasta innecesariamente mucha energía nerviosa; negamos que nada pueda ser perfeccionado mientras no se tenga conciencia de ello. El "espíritu puro" es pura estupidez; si descontamos el sistema nervioso y los sentidos, lo que tiene de mortal el hombre, *nos equivocamos en nuestros cálculos;* ¡nada más!...

## 15

Ni la moral ni la religión corresponden en el cristianismo a punto alguno de la realidad. Todo son *causas* imaginarias ("Dios", "alma", "yo", "espíritu", "el libre albedrío", o bien "el determinismo"); todo son *efectos imaginarios* ("pecado", "redención", "gracia", "castigo", "perdón"). Todo son relaciones entre *seres* imaginarios ("Dios", "ánimas", "almas"); *ciencias naturales* imaginarias (antropocentricidad; ausencia total del concepto de las causas naturales); una *sicología* imaginaria (sin excepción, malentendidos sobre sí mismo, interpretaciones de sentimientos generales agradables o desagradables, por ejemplo de los estados del *nervus sympathicus,* con ayuda del lenguaje de la idiosincrasia religioso-moral, "arrepentimiento", "remordimiento", "tentación del Diablo", la proximidad de Dios"); una *teleología imaginaria* ("el reino de Dios", el "Juicio Final", "la eterna bienaventuranza"). Este mundo de la ficción se distingue muy desventajosamente del mundo de los sueños, por cuanto éste *refleja* la realidad, en tanto que aquél falsea, desvaloriza y repudia la realidad. Una vez inventado el concepto "Naturaleza" en contraposición a "Dios", el término "natural" era por fuerza sinónimo de "execrable"; todo ese mundo ficticio tiene su raíz en el *odio* a lo natural (¡a la realidad!), es la expresión de una profunda aversión a lo real. *Pero con esto queda explicado todo.* Sólo quien *sufre* de la realidad tiene razones para *sustraerse a ella por medio de la mentira.* Mas sufrir de la realidad significa ser una realidad *malograda...* El predominio de los sentimientos de desplacer sobre los sentimientos de placer es la *causa* de esa moral y religión basadas en la ficción; mas tal predominio es la fórmula de la *décadence...*

## 16

La misma conclusión se desprende de la crítica del *concepto cristiano de Dios.* Un pueblo que cree en sí tiene también su dios propio. En él venera las condiciones gracias a las cuales prospera y domina, sus virtudes; proyecta su goce consigo mismo, su sentimiento de poder, en un ser al que puede dar las gracias por todo esto. Quien es rico ansía dar; un pueblo orgulloso tiene necesidad de un dios para *ofrendar...* En base a tales premisas, la religión es una forma de la gratitud. Se está agradecido por sí mismo; para esto se ha menester un dios. Tal dios debe poder beneficiar y perjudicar, estar en condiciones de ser amigo y enemigo; se lo admira por lo uno y por lo otro. La castración *antinatural* de la divinidad, en el sentido de convertirlo en un dios exclusivo del bien, sería de todo punto indeseable en este orden de ideas. Se necesita del dios malo en no menor grado que del bueno, como que no se debe la propia existencia a la tolerancia y la humanidad... ¿De qué serviría un dios que no conociera la ira, la venganza, la envidia, la burla, la astucia y la violencia?, ¿que a lo mejor hasta fuera ajeno a los *ardeurs* inefables del triunfo y de la destrucción? A un dios así no se lo comprendería; ¿para qué se lo tendría? Claro que si un pueblo se hunde; si siente desvanacerse para siempre su fe en el porvenir, su esperanza de libertad; si la sumisión entra en su conciencia como conveniencia primordial y las virtudes de los sometidos como condiciones de existencia, *por fuerza* cambia también su dios. Éste se vuelve tímido, cobarde, medroso y modesto, aconseja la "paz del alma", la renuncia al odio, la indulgencia y aun el "amor" al amigo y al enemigo. Moraliza sin cesar, penetra en las cuevas de todas las virtudes privadas y se convierte en dios para todo el mundo, en particular, cosmopolita... Si en un tiempo representó a un pueblo, la fuerza de un pueblo, todo lo que había de agresivo y pletórico en el alma de un pueblo, ahora ya no es más que el buen Dios... En efecto, no existe para los dioses otra alternativa: o son la voluntad de poder, y mientras lo sean serán dioses de pueblos, o son la impotencia para el poder; y entonces se vuelven necesariamente *buenos*...

## 17

Dondequiera que declina la voluntad de poder se registra un decaimiento fisiológico, una *décadence*. La divinidad de la *décadence,* despojada de sus virtudes e impulsos más viriles, se convierte necesariamente en el dios de los fisiológicamente decadentes, de los débiles. Éstos *no* se llaman los débiles, sino "los buenos"... Se comprenderá, sin necesidad de ulterior sugestión, en qué momentos de la historia es factible la ficción dualista de un dios bueno y otro malo. Llevados por el mismo instinto con que degradan a su dios al "bueno en sí", los sometidos despojan de todas sus cualidades al dios de sus vencedores; se vengan de sus amos dando al dios de los mismos un carácter diabólico. Tanto el dios bueno como el diablo son engendros de la *décadence*. ¡Parece mentira que todavía hoy se ceda a la ingenuidad de los teólogos cristianos hasta el punto de decretar a la par de ellos que la evolución de la concepción de la divinidad del "dios de Israel", del dios de un pueblo, al dios cristiano, al dechado del bien, significa un *progreso!* Hasta Renan lo hace. ¡Como si Renan tuviese derecho a la ingenuidad! ¡Pero si es evidente todo lo contrario! Si todas las premisas de la vida *ascendente,* toda fuerza, valentía, soberbia y altivez, quedan eliminadas de la concepción de dios; si éste se convierte paso a paso en símbolo de un bastón para cansados, de un salvavidas para todos los náufragos; si llega a ser el dios de los pobres, los pecadores y los enfermos por excelencia y el atributo "salvador", "redentor", queda, por así decirlo, como el atributo propiamente dicho de la divinidad, ¿qué indica transformación semejante?; ¿tal *reducción* de la divinidad? Claro que el "reino de Dios" queda así ampliado. En un tiempo Dios no tuvo más que su pueblo, su pueblo "elegido". Luego, al igual de su pueblo, llevó una existencia trashumante y ya no se radicó en parte alguna, hasta que al fin, gran cosmopolita, se encontraba bien en todas partes y tenía de su parte el "gran número", a media humanidad. Mas no por ser el dios del "gran número", el demócrata entre los dioses, llegó a ser un orgulloso dios pagano; seguía siendo judío, ¡el dios de todos los lugares y rincones oscuros, de todas las barriadas malsanas del mundo entero!... Su imperio es como antes un reino subterráneo, un hospital, un *ghetto*... Y él mismo, ¡cómo es de pálido, de débil, de *décadent!* Hasta los más anémicos de los anémicos, los señores metafísicos, los albinos de los conceptos, han dado cuenta de él. Éstos han tejido tanto tiempo su tela en torno a él que hipnotizado por sus movimientos terminó por convertirse a su vez en araña, en metafísico. Entonces volvió a extraer de sí, tejiendo, el mundo, *sub specie Spinozae;* entonces se transfiguró en cada vez mayor abstracción y anemia, quedando hecho un "ideal", un "espíritu puro", "*absolutum*" y "cosa en sí"... *Decadencia de un dios:* Dios se convirtió en la "cosa en sí"...

## 18

La concepción cristiana de Dios, Dios como dios de los enfermos, como araña, como espíritu, es una de las más corrompidas que existen sobre la tierra; tal vez hasta marque el punto más bajo de la curva descendente del tipo de la divinidad. ¡Dios, degenerado en *objeción contra la vida,* en vez de ser su transfigurador y eterno *sí!* ¡En Dios, declarada la guerra a la vida, a la Naturaleza, a la voluntad de vida! ¡Dios, la fórmula para toda detracción de "este mundo", para toda mentira del "más allá"! ¡En Dios, divinizada la nada, santificada la voluntad de alcanzar la nada!...

## 19

El hecho de que las vigorosas razas del Norte de Europa no hayan repudiado al dios cristiano ciertamente no habla en favor de su don religioso, para no decir nada de su gusto. Debieron haber dado cuenta de tan morboso y decrépito engendro de la *décadence.* Por no haberlo hecho, pesa sobre ellas un triste sino: han absorbido en todos sus instintos la enfermedad, la decrepitud, la contradicción. ¡Desde entonces ya no han *creado* dioses! ¡En casi dos milenios ni un solo nuevo dios! ¡Impera todavía, y como a título legítimo, como *ultimum* y *maximum* del poder creador de dioses, del *creator spiritus* en el hombre, este lamentable dios del monótono-teísmo cristiano! ¡Este ser híbrido hecho de cero, concepto y contradicción en el que están sancionados todos los instintos de *décadence,* todas las cobardías y cansancios del alma!

20

Condenando al cristianismo, no quiero cometer una injusticia con una religión afín, que hasta cuenta con mayor número de fieles; me refiero al *budismo.* El cristianismo y el budismo están emparentados como religiones nihilistas, son religiones de la *décadence;* y sin embargo, están diferenciados entre sí del modo más singular. Por el hecho de que ahora sea posible *compararlos,* el crítico del cristianismo está profundamente agradecido a los eruditos indios. El budismo es cien veces más realista que el cristianismo; ha heredado el planteo objetivo y frío de los problemas, es *posterior* a un movimiento filosófico multisecular; al advenir él, ya estaba desechada la concepción de "Dios". Es el budismo la única religión propiamente *positivista* en la historia, aun en su teoría del conocimiento (un estricto fenomenalismo); ya no proclama la "lucha contra el *pecado*", sino reconociendo plenamente los derechos de la realidad, la *"lucha contra el sufrimiento".* Lo que lo distingue radicalmente del cristianismo es el hecho de que está con el autoengaño de los conceptos morales *tras sí,* hallándose, según mi terminología, *más allá* del bien y del mal. Los dos hechos fisiológicos en que descansa y que tiene presentes son, *primero,* una irritabilidad excesiva, que se traduce en una sensibilidad refinada al dolor, y *segundo,* una hiperespiritualización, un desenvolvimiento excesivamente prolongado en medio de conceptos y procedimientos lógicos, proceso en que el instinto de la persona ha sufrido menoscabo en favor de lo "impersonal" (dos estados que algunos de mis lectores, por lo menos los "objetivos", conocerán, como yo, por experiencia). Estas condiciones fisiológicas han dado origen a una *depresión;* contra la que procede Buda valiéndose de medidas higiénicas. Para combatirla receta la vida al aire libre, la existencia trashumante, una dieta frugal y seleccionada, la prevención contra todas las bebidas espirituosas, asimismo contra todos los afectos que "hacen mala sangre"; también una vida sin preocupaciones, ya por sí mismo o por otros. Exige representaciones que sosieguen o alegren, e inventa medios de ahuyentar las que no convienen. Entiende la bondad, la jovialidad, como factor que promueve la salud. Desecha la *oración,* lo mismo que el *ascetismo;* nada de imperativos categóricos, nada de *obligaciones,* ni aun dentro de la comunidad monástica (que puede abandonarse), pues todo esto serviría para aumentar esa irritabilidad excesiva. Por esto Buda se abstiene de predicar la lucha contra los que piensan de otra manera, su doctrina nada repudia tan categóricamente como el afán vindicativo, la antipatía, el resentimiento ("no es por la enemistad como se pone fin a la enemistad", tal es el conmovedor estribillo del budismo...). Y con razón; precisamente estos afectos serían de todo punto *perjudiciales* con respecto al propósito dietético primordial. El cansancio mental con que se encuentra Buda y que se traduce en una "objetividad" excesiva (esto es, en un debilitamiento del interés individual, en pérdida de gravedad, de "egoísmo") lo combate refiriendo aun los intereses más espirituales estrictamente a la *persona.* En la doctrina de Buda el egoísmo está estatuido como deber; el "cómo te libras *tú* del sufrimiento" regula y limita toda la dieta mental (es permitido, acaso, trazar un paralelo con aquel ateniense que a su vez declaró la guerra al "espíritu científico" puro con Sócrates, que dio al egoísmo personal en el reino de los problemas igualmente categoría de moral).

## 21

Las premisas del budismo son un clima muy suave, una marcada mansedumbre y liberalidad de las costumbres, ausencia total de militarismo y la radicación del movimiento en las capas superiores y aun eruditas de la población. La paz serena, el sosiego, la extinción de todo deseo es la meta suprema; y se *alcanza* esta meta. El budismo no es una religión en que tan sólo se aspire a la perfección; lo perfecto es en él lo normal.

En el cristianismo, pasan a primer plano los instintos de sometidos y oprimidos; son las clases sociales más bajas las que en él buscan su salvación. Aquí se practica como *ocupación,* como remedio contra el aburrimiento, la casuística del pecado, la autocrítica, la inquisición; aquí se mantiene el afecto constantemente referido a un *poderoso,* denominado "Dios" (mediante la oración); aquí se concibe lo supremo como algo inaccesible, como regalo, como "gracia". Aquí falta también el carácter público; el escondite, el rincón oscuro, es propio del cristianismo. Aquí se desprecia el cuerpo y se repudia la higiene como sensualidad; la Iglesia hasta se opone al aseo (la primera medida tomada por los cristianos luego de la expulsión de los moros fue clausurar los baños públicos, de los que solamente en Córdoba había 270). Lo cristiano supone un cierto sentido de la crueldad, consigo mismo y con los demás; el odio a los heterodoxos; el afán persecutorio. Privan representaciones sombrías y excitantes; los estados más apetecidos, designados con los nombres supremos, son de carácter epilepsoide; la dieta es seleccionada en forma que promueva fenómenos mórbidos y sobreexcite los nervios. Cristiano es el odio mortal a los amos de la tierra, a los "nobles", en conjunción con una competencia solapada (se les deja el "cuerpo", se requiere *solamente* el "alma"...). Cristiana es la hostilidad enconada al *espíritu*, al orgullo, a la valentía, a la libertad y el libertinaje del espíritu; cristiana es la hostilidad enconada a los *sentidos*, a los placeres sensuales, a la alegría, en fin...

22

Cuando el cristianismo abandonó su suelo primitivo: las capas más bajas de la población, el *submundo* del mundo antiguo, y se lanzó a la conquista de pueblos bárbaros, ya no tenía que habérselas con hombres cansados, sino con hombres embrutecidos y desgarrados por dentro, con los hombres fuertes, pero malogrados. En esta región, el descontento consigo mismo, el sufrimiento de sí propio, *no* es, como en la budista, una irritabilidad excesiva y una hipersensibilidad al dolor, sino, por el contrario, un ansia incontenible de hacer sufrir, de descargar la tensión interior en actos y representaciones hostiles. El cristianismo necesitaba conceptos y valores *bárbaros* para dar cuenta de bárbaros; tales son el sacrificio del primogénito, la ingestión de sangre en la comunión, el desprecio hacia el espíritu y la cultura; el tormento, en cualquier forma, físico y mental, y la gran pompa del culto. El budismo es una religión para hombres *tardíos*, para razas suaves, mansas e hiperespiritualizadas, excesivamente sensibles al dolor (Europa no está aún, ni con mucho, madura para él); las conduce de vuelta a paz y alegría serena, a la dieta en lo espiritual, a cierto endurecimiento en lo físico. El cristianismo, en cambio, quiere domar *fieras,* y para tal fin las enferma, hasta el punto que el debilitamiento es la receta cristiana para la *domesticación,* la "civilización". El budismo es una religión para el final y cansancio de la civilización; el cristianismo ni siquiera se encuentra con una civilización, y, eventualmente, la funda.

23

El budismo, como queda dicho, es cien veces más frío, verdadero y objetivo. A él ya no le hace falta rehabilitar ante sí mismo su sufrimiento, su sensibilidad al dolor, por la interpretación del pecado; sólo dice lo que piensa: "yo sufro". Para el bárbaro, en cambio, el sufrimiento en sí no es decente; le hace falta una interpretación para admitir ante sí mismo que sufre (su instinto lo lleva más bien a negar el sufrimiento, a sufrir con mansa resignación). Para él, la noción del "diablo" era un verdadero alivio; tenía un enemigo poderosísimo y terrible; no era una vergüenza sufrir de enemigo semejante.

Entraña el cristianismo algunas sutilezas propias de Oriente. Sabe, ante todo, que en el fondo da igual que tal cosa sea cierta, dado que lo importante es que se crea. La verdad y la creencia en la verdad de tal cosa son dos mundos de intereses diferentes, poco menos que dos mundos antagónicos; se llega a ellos por caminos radicalmente distintos. Saber esto casi es la esencia del sabio, tal como lo concibe el Oriente; así lo entienden los brahmanes,·como también Platón y todo adepto a la sabiduría esotérica. Por ejemplo, si hay una *ventura* en eso de creerse redimido del pecado, *no* hace falta como *premisa* que el hombre *sea* propenso al pecado, sino que *se sienta* propenso al pecado. Mas si en un plano general lo que primordialmente hace falta es la *fe,* hay que desacredtar la razón, el conocimiento y la investigación; el camino de la verdad se convierte así en el camino *prohibido.*

La firme *esperanza* es un estimulante mucho más poderoso de la vida que cualquier ventura particular efectiva. A los que sufren hay que sostenerlos mediante una esperanza que ninguna realidad pueda desmentir, ninguna consumación pueda privar de su base: una esperanza que se cumplirá en un más allá. (Precisamente por este poder de entretener al desgraciado, los griegos tenían la esperanza por el mal de los males, por el mal propiamente *pérfido,* que se quedaba en el fondo de la caja de Pandora.)

Para que sea factible el *amor,* Dios debe ser una persona; para que puedan hacerse valer los instintos más soterrados, Dios debe ser joven. Ha de llevarse a primer plano un hermoso santo para el ardor de las mujeres, y una Virgen para el de los hombres. Esto en el supuesto de que el cristianismo quiera imponerse en un terreno donde ya cultos afrodisíacos o de Adonis han determinado el *concepto* del culto. El concepto de la *castidad* acentúa la vehemencia y profundidad del instinto religioso; presta al culto un carácter más cálido, más exaltado, más fervoroso.

El amor es el estado en que el hombre ve las cosas, más que en ningún otro, tal como *no* son. En él se manifiesta cabalmente el poder de ilusión, lo mismo que el de *transfiguración.* Quien ama soporta más que de ordinario; aguanta todo. Había que inventar una religión en la que se pudiera amar; pues donde se cumple este requisito ya se ha vencido lo peor de la vida. Esto por lo que se refiere a las tres virtudes cristianas de la fe, el amor y la esperanza; yo las llamo las tres *corduras* cristianas.

El budismo es demasiado tardío y positivista como para ser aún cuerdo de semejante manera.

## 24

Me limito aquí a rozar el problema de la *génesis* del cristianismo. La primera tesis para la solución del mismo reza: el cristianismo sólo puede ser comprendido como producto del suelo en que ha nacido; *no* es una reacción al instinto judío, sino la consecuencia del mismo, su lógica terrible llevada a una conclusión ulterior. Dicho en la fórmula del Redentor: "la salvación proviene de los judíos".

La segunda tesis reza: el tipo sicológico del Galileo es todavía reconocible; pero sólo en su degeneración total (que es mutilación e incorporación de multitud de rasgos extraños a un tiempo) ha podido servir para el uso que se ha hecho de él: el de ser el tipo de *redentor* de la humanidad.

Los judíos son el pueblo más singular de la historia mundial, puesto que puestos en el dilema de ser o no ser, prefirieron, con una determinación francamente escalofriante, ser *a cualquier precio;* este precio era el *falseamiento* radical de toda la Naturaleza, de toda naturalidad, de toda realidad, de todo el mundo interior no menos que del exterior. Repudiaron todas las condiciones bajo las cuales habían podido vivir, habían tenido derecho a vivir hasta entonces los pueblos; hicieron de sí mismos una antítesis de las condiciones naturales. Invirtieron la religión, el culto, la moral, la historia y la sicología, de un modo fatal, en lo *contrario de los valores naturales de las mismas.* El mismo fenómeno se da, y en una escala infinitamente mayor, pero, no obstante, como mera copia, en la Iglesia cristiana; en comparación con el "pueblo de los santos", ella no puede pretender originalidad. Los judíos son, así, el pueblo *más fatal* de la historia; como resultado de su gravitación, la humanidad se ha vuelto tan falsa que, todavía hoy, el cristianismo es capaz de sentirse antijudío, sin tener conciencia de que es la *idiosincrasia judía llevada a su consecuencia última.*

En mi *Genealogía de la moral* he dado por vez primera una dilucidación sicológica del contraste entre la moral aristocrática y la moral del resentimiento, esta última derivada del *no* pronunciado frente a aquélla. Mas queda definida así la esencia de la moral judeo-cristiana. Para poder decir no a todo cuanto representa la curva *ascendente* de la vida (la armonía plena, la hermosura, la autoafirmación), el instinto del resentimiento, hecho genio, tuvo que inventarse *otro* mundo con respecto al cual esa *afirmación* de la vida supuso lo malo, lo reprobable, en sí. Sicológicamente hablando, el pueblo judío es un pueblo de vitalidad extrema que, confrontado con condiciones de existencia imposibles, tomó deliberadamente, guiado por la cordura suprema del instinto de conservación, la defensa de todos los instintos de la *décadence;* y no tanto por estar dominado por ellos como porque adivinó en los mismos una potencia mediante la cual le sería dable hacerse valer *frente* "al mundo". Los judíos son los antípodas de todo lo *décadent;* mas tenían que *representar* el papel de *décadents,* hasta el extremo de engañar a todo el mundo; con un *non plus ultra* del genio histriónico sabían ponerse al frente de todos los movimientos de la *décadence* (como cristianismo paulino), para hacer de ellos algo que fuera más fuerte que cualquier facción dispuesta a decir sí a la vida. Para el tipo humano que en el judaísmo y el cristianismo llega a dominar: el *sacerdotal,* la *décadence* no es sino un *medio;* este tipo humano está vitalmente interesado en enfermar a la humanidad, en invertir los conceptos "bien" y "mal", "verdadero" y "falso", en un sentido que entraña un peligro mortal para la vida y significa el repudio del mundo.

25

La historia de Israel es inestimable como historia típica de una *desnaturalización* total de los valores naturales. Voy a esbozar cinco hechos de este proceso. Originariamente, sobre todo en los tiempos de los reyes judíos, también Israel se hallaba en la proporción justa, vale decir, natural con todas las cosas. Su Jahveh era la expresión de la conciencia de poder, del goce mismo, de la esperanza depositada en sí mismo; en él se esperaba victoria y ventura, con él se confiaba en que la Naturaleza había de dar al pueblo lo que le hacía falta; sobre todo, lluvia. Jahveh es el dios de Israel, y, *por ende*, el dios de la justicia; lógica de todo pueblo que tiene poder y goza de él con la conciencia tranquila. En el culto de las fiestas se expresan estos dos aspectos de la autoafirmación de todo pueblo: gratitud por los grandes destinos gracias a los cuales llegó al poder, y gratitud en relación con el ciclo de las estaciones y toda fortuna en la ganadería y la agricultura. Este estado de cosas siguió siendo el ideal durante mucho tiempo, incluso cuando hacía mucho había acabado de una manera lamentable a causa de la anarquía interior y la intervención de los asirios. El pueblo continuó alimentando como aspiración suprema esa visión de un rey en el que el buen soldado se aunaba con el juez severo; sobre todo Isaías, ese profeta típico (esto es, crítico y satírico de la hora). Sin embargo, todas las esperanzas se desvanecieron. El antiguo Dios ya no estaba en condiciones de hacer nada de lo que en un tiempo había sido capaz de hacer. Lo que correspondía era desecharlo. ¿Qué ocurrió? Se *modificó* su concepción; se *desnaturalizó* su concepción; a este precio se lo retuvo. Jahveh, el dios de la "justicia", ya no se consideraba identificado con Israel, expresión del orgullo de su pueblo, sino un dios condicionado... Su concepción pasa a ser un instrumento en manos de agitadores sacerdotales, que en adelante interpretan toda ventura como premio y toda desventura como castigo por desobediencia a´Dios, como "pecado": esa interpretación más mendaz en base a un presunto "orden moral", con la que se invierte de una vez por todas el concepto natural "causa y efecto". Una vez que con premio y castigo se haya abolido la causalidad natural, hace falta una causalidad *antinatural*, de la que se sigue entonces toda la demás antinaturalidad. Así, al dios que ayuda y que resuelve todas las dificultades; que en el fondo encarna toda inspiración feliz de la valentía y la confianza en sí mismo, se sustituye por un dios que *exige*... La moral ya no es la expresión de las condiciones de existencia y prosperidad de un pueblo, su más soterrado instinto vital, sino que se vuelve abstracta y antivital: la moral como imaginación mal pensada, como "mal de ojo" a todas las cosas. ¿Qué es, en definitiva, la moral judeo-cristiana? El azar despojado de su inocencia; la desgracia envilecida por el concepto "pecado"; el bienestar denunciado como peligro, como "tentación"; el malestar fisiológico infectado del gusano roedor de la conciencia...

### 26

Los sacerdotes judíos no se detuvieron en el falseamiento de la concepción de Dios y la moral. Toda la historia de Israel era contraria a sus fines; había, por tanto, que abolirla. Estos sacerdotes realizaron ese prodigio de falseamiento cuyo testimonio es buena parte de la Biblia; con un desprecio inaudito hacia toda tradición, hacia toda realidad histórica, pospusieron el pasado de su propio pueblo a la religión; es decir, que hicieron de él un estúpido mecanismo de salvación basado en el castigo que Jahveh da a los que contra él pecan, y en el premio con que conforta a los que le obedecen. Este vergonzoso falseamiento de la verdad histórica nos causaría una impresión mucho más penosa si milenios de interpretación *eclesiástica* de la historia no nos hubiesen hecho casi indiferentes a las exigencias de la probidad *in historicis*. Y la Iglesia ha sido secundada en esto por los filósofos; por toda la evolución de la filosofía, hasta la más reciente, corre la *mentira* del "orden moral". ¿Qué significa "orden moral"? Significa que hay de una vez por todas una voluntad de Dios respecto a lo que el hombre debe hacer y debe no hacer; que el grado de obediencia a la voluntad de Dios determina el valor de los individuos y los pueblos; que en los destinos de los individuos y los pueblos manda la voluntad de Dios, castigando y premiando, según el grado de obediencia. La *realidad* subyacente a tan lamentable mentira es ésta: un tipo humano parásito que sólo prospera a expensas de todas las cosas sanas de la vida, el *sacerdote,* abusa del nombre de Dios: al estado de cosas donde él, el sacerdote, fija el valor de las cosas, le llama "el reino de Dios", y a los medios por los cuales se logra y mantiene tal estado de cosas, "la voluntad de Dios"; con frío cinismo juzga a los pueblos, tiempos e individuos por la utilidad que reportaron al imperio de los sacerdotes o la resistencia que le opusieron. No hay más que observarlo: bajo las manos de los sacerdotes judíos la época grande de la historia de Israel se trocó en una época de decadencia; el destierro, esa larga desventura, se convirtió en una *pena* eterna en castigo de la época grande, aquella en que los sacerdotes aún no tuvieron influencia alguna. De los personajes portentosos y *libérrimos* de la historia de Israel hicieron, según las conveniencias, unos pobres mamarrachos o unos "impíos" y redujeron todo acontecimiento grande a la fórmula estúpida: "obediencia o desobediencia a Dios". Un paso más por este camino y se postula que la "voluntad de Dios", esto es, las condiciones bajo las cuales se perpetúa el poder de los sacerdotes, debe ser *conocida*. Para tal fin, se requiere una "revelación". Quiere decir, que se requiere un fraude literario en gran escala; se descubre una "sagrada escritura" y se la publica con gran pompa hierática, con días de penitencia y lamentaciones por el largo "pecado". Pretendíase que la "voluntad de Dios" actuaba desde hacía mucho tiempo; que toda la calamidad estribaba en que los hombres se habían divorciado de la "sagrada escritura"... Ya a Moisés se había revelado la "voluntad de Dios"... ¿Qué había pasado? Con rigor y con una pedantería que ni se detenía ante los impuestos, grandes y pequeños, a pagar (sin olvidar, por supuesto, lo más sabroso de la carne, puesto que el sacerdote es un carnívoro), el sacerdote había formulado de una vez por todas *lo que complacía* a "la voluntad de Dios"... A partir de entonces, todas las cosas están dispuestas en forma que el sacerdote es *imprescindible en todas partes;* con motivo de todos los acontecimientos naturales de la vida; nacimiento, casamiento, enfermedad y muerte, para no hablar de la ofrenda (de la "comida"), se presenta el santo parásito para *desnaturalizarlos;* en su propia terminología: para "santificarlos"... Pues hay que comprender esto: toda costumbre natural, toda institución natural (el Estado, la administración de justicia, el matrimonio, la asistencia a los enfermos y el socorro a los pobres), todo imperativo dictado por el instinto de la vida, en una palabra, todo cuanto tiene valor *en sí,* lo convierte el parasitismo del sacerdote en principio en una cosa sin valor e incompatible con cualquier valor; requiere ella una sanción *a posteriori;* hace falta una potencia *valorizadora* que niegue la Na-

turaleza inherente a todo esto y *crear* así su valor...
El sacerdote desvaloriza, *desantifica* la Naturaleza; a
este precio existe. La desobediencia a Dios, vale decir,
a los sacerdotes, a la ley, es bautizada entonces con el
nombre de "pecado"; los medios por los cuales es dable "reconciliarse con Dios" son desde luego medios
que aseguran una sumisión aún más completa al sacerdote: únicamente el sacerdote "redime"... Sicológicamente hablando, en toda sociedad organizada sobre la
base de un régimen sacerdotal los "pecados" son im-
prescindibles: son las palancas propiamente dichas del
poder; el sacerdote *vive* de los pecados, tiene necesidad de que se "peque"... Tesis capital: Dios perdona
al que hace penitencia"; *al que se somete al sacerdote.*

27

En un suelo de tal modo *falso* donde toda naturalidad, todo valor natural, toda realidad tenía que hacer frente a los más soterrados instintos de la clase
dominante, creció el *cristianismo,* forma de la enemistad mortal a la realidad que hasta ahora no ha sido
superada. El "pueblo santo" que para todas las cosas
se había quedado exclusivamente con valores de sacerdotes, palabras de sacerdotes, repudiando con una consecuencia pasmosa cualquier otro poder establecido
sobre la tierra como "sacrílego" y el mundo como "pecado"; este pueblo produjo para su instinto una fórmula última, lógica hasta la autonegación: como *cristianismo* negó aun la forma última de la realidad, la
misma realidad judía, al "pueblo santo", al "pueblo
de los elegidos". El suceso es de primer orden: el pequeño movimiento insurgente, bautizado con el nombre de Jesús de Nazaret, es el instinto judío *otra vez.*
O dicho de otro modo: el instinto de sacerdote que

ya no soporta al sacerdote como realidad, la invención de una forma de existencia *aún más abstracta,* de una visión *aún más irreal* del mundo que la que implica la organización de una iglesia. El cristianismo *niega* a la Iglesia...

Yo no sé contra qué se dirigió la sublevación cuyo autor ha sido considerado o *mal considerado* Jesús, sino contra la iglesia judía, tomada la palabra "iglesia" exactamente en el sentido en que la tomamos hoy día. Fue una sublevación contra "los buenos y justos", contra los "santos de Israel", la jerarquía de la sociedad, pero *no* contra la corrupción de la misma, sino contra la casta, el privilegio, el orden y la fórmula; fue un no creer en los "hombres superiores", un decir no a todos los sacerdotes y teólogos. Mas la jerarquía que así quedó puesta en tela de juicio, bien que tan sólo por un breve instante, era la "construcción lacustre", sobre la cual el pueblo judío sustituía en plena "agua", la posibilidad última, arduamente conquistada, de sobrevivir, el *residium* de su autonomía política; todo ataque dirigido a ella era un ataque al más soterrado instinto popular, a la más denotada voluntad de vida de un pueblo que se ha dado jamás. Ese santo anarquista que incitó al bajo pueblo, a los parias y los "pecadores", a los *tshandala* en el seno del pueblo judío, a rebelarse contra el orden imperante—gastando un lenguaje, siempre que uno pudiera fiarse de los Evangelios, que también en nuestros tiempos significaría la deportación a Siberia—fue un delincuente político, en la medida en que cabían delincuentes políticos en tal comunidad *absurdamente política.* A causa de esta actitud fue a parar a la cruz; la prueba de ello es el letrero colocado en lo alto de la cruz. Murió por su propia culpa. Falta todo motivo para creer, como tantas veces se ha afirmado, que murió por culpa ajena.

## 28

Una cuestión muy distinta es la de si él realmente tuvo conciencia de tal oposición o fue tan sólo *sentido* como esta oposición. Y sólo aquí toco el problema de la *sicología del Redentor*. Confieso que pocos libros he leído con tantas dificultades como los Evangelios. Estas dificultades son de otra índole que aquellas en cuya comprobación la curiosidad erudita del espíritu alemán consiguió uno de sus más inolvidables triunfos. Han pasado muchos días en que también yo, como todos los jóvenes eruditos, saboreé con sabia despaciosidad de refinado filólogo la obra del incomparable Strauss. Tenía yo entonces veinte años; ahora soy un hombre demasiado serio para eso. ¿Qué me importan las contradicciones de la "tradición"? ¡Como para llamar "tradición" a las leyendas de los santos! Las historias de santos son la literatura más ambigua que existe; aplicarles, *en ausencia de cualesquiera otros documentos,* el método científico, se me antoja una empresa de antemano condenada al fracaso, mero pasatiempo erudito...

## 29

Lo que a mí me importa es el tipo sicológico del Redentor. Este tipo podría aparecer en los Evangelios, pese a los Evangelios, por más mutilados o desfigurados por aditamentos extraños que aquéllos estuviesen, del mismo modo que el de Francisco de Assis aparece en sus leyendas, pese a sus leyendas. *No* me interesa la verdad de lo que Jesús hizo, lo que dijo y cómo murió, sino saber si su tipo es todavía reconocible; si está "transmitido por la tradición". Las tentativas que conozco encaminadas a extraer de los Evangelios hasta la *historia* de un "alma" se me antojan pruebas de una abominable ligereza sicológica. El señor Renan, ese payaso *in psichologicis,* ha aportado a su explicación del tipo de Jesús los dos conceptos más inadecuados que se conciben en este caso: el del *genio* y el del *héroe ("héros").* ¡Pero si el concepto "héroe" es lo más antievangélico que pueda darse! Precisamente la antítesis de toda lucha, de toda idiosincrasia militante se ha hecho aquí instinto; la incapacidad para la resistencia ("no te resistas al mal" es la palabra más profunda de los Evangelios, en cierto sentido su clave), la dicha inefable en la paz, la mansedumbre, el no ser capaz de experimentar sentimientos hostiles, se torna aquí en moral. ¿Qué significa "buena nueva"? Que está encontrada la verdadera vida, la vida eterna; que está ahí, *dentro del hombre:* como vida en el amor, en el amor sin reservas, sin condiciones, sin distanciamiento. Cada cual es hijo de Dios—Jesús no reivindica en absoluto para sí esta condición—; como hijos de Dios, todos son iguales... ¡Como para hacer de Jesús un héroe! ¡Y qué grave malentendido es sobre todo la palabra "genio"! Todo nuestro concepto del "espíritu" carece de sentido en el mundo dentro del que se desenvuelve Jesús. El rigor del fisiólogo sugeriría aquí más bien una palabra muy diferente... Conocemos un estado de irritabilidad morbosa del *tacto,* que en tales condiciones retrocede ante la idea de asir un objeto sólido. Tradúzcase tal hábito fisiológico en su lógica última, como odio instintivo a *cualquier* realidad; como evasión a lo "inasible", a lo "inconcebible"; como aversión a cualquier fórmula, a cualquier noción de tiempo y espacio, a todo cuanto es fijo, costumbre, institución, iglesia; como desenvolvimiento en un mundo ajeno a toda realidad, exclusivamente "interior", un mundo "verdadero", un mundo "eterno"... "El reino de Dios está *dentro de* vosotros"...

30

*El odio instintivo a la realidad:* consecuencia de una extraña irritabilidad y sensibilidad al sufrimiento que ya no quiere ser "tocada" porque todo contacto provoca en ella una reacción excesiva.

*El repudio instintivo de toda antipatía, de toda hostilidad, de todos los límites y distancias del sentir:* consecuencia de una extrema irritabilidad y sensibilidad al sufrimiento que siente ya toda resistencia, toda obligación de resistir como, un *desplacer* insoportable (esto es, como *perjudicial,* como *contrario* al instinto de conservación y concibe la dicha inefable (el placer) únicamente como un no resistir más, un no resistir a nadie, ni al mal ni al maligno. El amor como única, *última,* posibilidad de vivir...).

Éstas son las dos *realidades fisiológicas* en las cuales, de las cuales, ha surgido la doctrina de la redención. La llamo una evolución sublime del hedonismo sobre una base completamente morbosa. Íntimamente afín con ella, bien que con un nutrido aditamento de vitalidad y energía nerviosa helenas, es el epicureísmo, la doctrina pagana de la redención. Epicuro, *un tipo décadent;* desenmascarado como tal por mí. El miedo al dolor, incluso al mínimo dolor, por fuerza desemboca en una *religión del amor...*

31

He anticipado mi respuesta a este problema, basada en el hecho de que la figura del Redentor ha llegado hasta nosotros muy desfigurada. Esta desfiguración es en sí muy plausible; por varias razones tal figura no pudo conservarse pura, íntegra y libre de deformaciones. Tanto el medio ambiente en que se desenvolvió esta figura extraña como, sobre todo, la histeria, las vicisitudes de la primitiva comunidad cristiana, dejaron en ella por fuerza sus huellas; ella enriqueció la figura, retroactivamente, con rasgos que sólo son comprensibles a la luz de la guerra y los fines de propaganda. Ese mundo singular y enfermo en que nos introducen los Evangelios, un mundo como salido de una novela rusa, donde parecen darse cita la escoria de la sociedad, enfermedades nerviosas e idiotismo "infantil", forzosamente *vulgarizó* la figura; en particular los primeros discípulos tradujeron un Ser que flotaba en un todo en símbolos e intangibilidades en su propia idiosincrasia, torpe para *comprender* algo de ella; para los mismos *existió* la figura posteriormente a su adaptación a formas más conocidas. El profeta, el Mesías, el juez futuro, el moralista, el taumaturgo, Juan Bautista; otras tantas ocasiones para entender mal la figura... No subestimemos, por último, el *proprium* de toda gran veneración, sobre todo de la sectaria: borra ella en el ser venerado los rasgos y características originales, con frecuencia penosamente extraños; *no los advierte siquiera.* Es una lástima que en contacto con el más interesante de todos los *décadents* no haya vivido un Dostoyevski, quiero decir, alguien que supiera percibir precisamente el encanto conmovedor que fluía de tal mezcla de sublimidad, enfermedad e infantilidad. Un último punto de vista: la figura, como figura de la *décadence,* bien puede haberse caracterizado en efecto por una singular multiplicidad y contradicción; no cabe descartar rotundamente esta posibilidad. Sin embargo, todo induce a desechar tal conjetura; precisamente la tradición debiera ser en este caso singularmente fiel y objetiva, cuando tenemos razones para suponer justamente lo contrario. Por lo pronto, hay una contradicción entre el predicador simple, dulce y manso cuya figura sugiere a un Buda en un mundo nada indio y ese fanático de la agresión, el enemigo mortal de los teólogos y los sacerdotes que la malicia de Renan ha exaltado como *"le grand maître en ironie"*. Personalmente, no dudo de que la agitación de la propaganda cristiana ha incorporado a la figura del maestro la crecida dosis de hiel (y aun de *esprit);* es harto sabida la falta de escrúpulo con que todos los espíritus sectarios hacen en su maestro *su propia apología.* Cuando la comunidad primitiva tuvo necesidad de un teólogo riguroso, enconado, iracundo y maliciosamente sutil para hacer frente a otros teólogos, se creó su "dios" de acuerdo con sus necesidades, del mismo modo que le atribuyó sin vacilar conceptos nada evangélicos de los que ya no podía prescindir: "resurrección", "juicio final" y toda clase de esperanzas y promesas temporales.

32

Me opongo, repito, a que se incorpore a la figura del Redentor el fanático; la palabra *impérieux* usada por Renan basta por sí sola para *anular* esta figura. La "buena nueva" consiste precisamente en que ya no hay antagonismos y contrastes; que el reino de los cielos es de los *niños.* La fe que aquí se manifiesta no es una fe conquistada en lucha, sino que está ahí, desde un principio; es, como si dijéramos, una infantilidad replegada sobre la esfera de lo espiritual. Los fisiólogos, por lo menos, están familiarizados con el caso de la pubertad retardada y no desarrollada en el organismo, como consecuencia de la degeneración. Tal fe no odia, no censura, no se resiste; no trae "la espada"; le es totalmente ajena la idea de que pueda llegar a separar. No se prueba a sí misma, ni por milagros ni por premio y promesa, ni menos "por la sagrada escritura"; ella misma es en todo momento su propio milagro, su propio premio, su propia prueba, su propio "reino de Dios". Esta fe tampoco se formula; *vive,* se opone a las fórmulas. Por cierto que las contingencias del medio, de la lengua y de los antecedentes intelectuales condicionan determinado círculo de conceptos; el primitivo cristianismo maneja *exclusivamente* conceptos judeo-semíticos (por ejemplo, el comer y beber en el caso de la comunión; ese concepto del que la Iglesia, como de todo lo judío, ha hecho un grave abuso). Pero cuidado con ver en ellos más que un lenguaje simbólico, una semiótica, una ocasión para expresarse a través de alegorías. Precisamente el que ninguna palabra suya sea tomada al pie de la letra es la condición previa para que ese antirrealista pueda hablar. Entre los indios se hubiera servido de los conceptos del *Sankhyam;* entre los chinos, de los de Laotse, sin notar la diferencia. Con cierta tolerancia en la expresión se pudiera llamar a Jesús un "espíritu libre". No le importan las fiestas: la palabra *mata,* todo lo fijo *mata.* En él, el concepto, la *experiencia,* la "vida", como él los conoce, son contrarios a todas las palabras, fórmulas, leyes, credos y dogmas. Él sólo habla de lo más íntimo; emplea los términos "vida", "verdad" o "luz" para expresar lo más íntimo; todo lo demás, toda la realidad, toda la Naturaleza, hasta el lenguaje, tiene para él tan sólo un valor de signo, de alegoría. Hay que cuidarse de no caer en error en este punto, por grande que sea la seducción inherente al prejuicio cristiano, es decir, *eclesiástico:* tal simbolismo por excelencia está al margen de todos los conceptos de culto, de toda su historia, de toda ciencia natural, de toda empiria, de todos los conocimientos, de toda política, de toda sicología, de todos los libros, de todo arte. El "saber" de Jesús es precisamente la *locura pura* ajena a que hay efectivamente cosas así. No conoce la cultura ni por referencia, no tiene por qué luchar contra ella, no la niega... Lo mismo se aplica al *Estado,* a todo el orden civil y social, al *trabajo,* a la guerra: jamás tuvo motivo alguno para negar "el mundo"; nunca tuvo la menor idea del concepto eclesiástico "mundo"... La negación es precisamente lo de todo punto imposible para él. Falta asimismo la dialéctica; falta la noción de que una fe, una "verdad", pueda ser demostrada con argumentos (las pruebas de él son "luces" interiores, íntimos sentimientos de placer y autoafirmaciones; exclusivamente "pruebas de la fuerza"). Doctrina semejante tampoco puede contradecir, no concibe que haya, pueda haber, doctrinas diferentes; no sabe imaginar un juicio contrario al suyo propio... Donde lo encuentre, se lamentará por íntima simpatía de "ceguera", pues ella percibe la "luz", pero no formulará objeción alguna...

## 33

En toda la sicología del Evangelio está ausente la idea de la culpa y del castigo, como también la del premio. Está abolido el "pecado", cualquier relación de distancia jerárquica entre Dios y el hombre; *tal es precisamente la "buena nueva"*... No se promete ni se condiciona la bienaventuranza; es ésta la *única* realidad. Todo lo demás es signo que sirve para hablar de ella...

La *consecuencia* de tal estado se proyecta en una *práctica* nueva, en la práctica propiamente evangélica. Lo que distingue al cristiano no es una "fe"; el cristiano obra y se diferencia por el hecho de que obra de un modo diferente. Por el hecho de que no se resiste ni de palabra ni en el corazón al que le hace mal. Por el hecho de que no hace distingos entre forasteros y naturales, entre judíos y no judíos ("el prójimo" es propiamente el correligionario, el judío). Por el hecho de que no guarda rencor a nadie, no desprecia a nadie. Por el hecho de que no recurre a los tribunales ni se pone a disposición de ellos ("no juréis"). Por el hecho de que bajo ninguna circunstancia, ni aun en caso de infidelidad probada de la cónyuge, se separa de su mujer. Todo se reduce, en el fondo, a un solo principio; todo es consecuencia de un solo instinto.

La vida del Redentor no fue sino *esta* práctica; su muerte tampoco fue otra cosa... Ya no tenía necesidad de fórmulas, de ritos para la relación con Dios, ni siquiera de oración. Había desechado toda la doctrina judía de expiación y reconciliación; sabía cuál era la *única* práctica de la vida con la que uno se siente "divino", "bienaventurado", "evangélico", en todo momento "hijo de Dios". *Ni* la "expiación", ni el "ruego por perdón" son caminos de Dios—enseña—; *únicamente la práctica evangélica* conduce a Dios, ella *es* "Dios". El Evangelio significaba el repudio del judaísmo de los conceptos "pecado", "absolución", "fe" y "redención por la fe"; toda la doctrina eclesiástica judía quedaba negada en la "buena nueva".

El profundo instinto de cómo hay que vivir para sentirse "en la gloria", para sentirse "eterno", en tanto que con cualquier conducta diferente uno se siente en absoluto "en la gloria". Únicamente este instinto es la realidad sicológica de la "redención". Una conducta nueva, *no* una fe nueva...

## 34

Si yo entiendo algo de ese gran simbolista, es que tomó exclusivamente realidades *interiores* como realidades, como "verdades"; que entendió todo lo demás, todo lo natural, temporal, espacial e histórico, sólo como signo, como oportunidad para expresar por vía de la alegoría. El concepto "hijo del hombre" no es ninguna persona concreta que pertenece a la historia, ningún hecho individual y único, sino una facticidad "eterna", un símbolo sicológico, emancipado de la noción del tiempo. Lo mismo reza, y en el sentido más elevado, para el *Dios* de este típico simbolista; para el "reino de Dios", el "reino de los cielos". Nada hay tan anticristiano como los *burdos conceptos eclesiásticos* de un Dios como *persona,* de un "reino de Dios" que *vendrá,* de un "reino de los cielos" *más allá,* de un "hijo de Dios", *segunda persona* de la Trinidad. Todo esto es absolutamente incompatible con el Evangelio, un *cinismo histórico mundial* en la burla del símbolo... Aunque es evidente lo que sugiere el signo "padre" e "hijo", no resulta igual para todo el mundo: con la palabra "hijo" está expresado el *ingreso* en el sentimiento total de transfiguración de todas las cosas (la bienaventuranza), y con la palabra "padre", este *sentimiento mismo,* el sentimiento de eternidad, de consumación. Me da vergüenza recordar lo que la Iglesia ha hecho de este simbolismo. ¿No ha situado en el umbral del "credo" cristiano una historia de anfitrión? ¿Y un dogma de la "concepción inmaculada", por añadidura?... *Con esto ha mancillado la concepción.*

El "reino de los cielos" es un estado del corazón, no algo que viene del "más allá" o de una "vida de ultratumba". Todo el concepto de la muerte natural *falta* en el Evangelio; la muerte no es un puente, un tránsito; falta porque forma parte de un mundo totalmente diferente, tan sólo aparencial, útil tan sólo para proporcionar signos. La "hora postrera" *no* es un concepto cristiano; la "hora", el tiempo, la vida física y sus crisis, ni existen para el portador de la "buena nueva"... El "reino de Dios" no es algo que se espera;

no tiene un ayer ni un pasado mañana, no vendrá en "mil años"; es una experiencia íntima; está en todas partes y no está en parte alguna...

## 35

Este portador de una "buena nueva" murió como había vivido y predicado: *no* para "redimir a los hombres", sino para enseñar cómo hay que vivir. La *práctica* es el legado que dejó a la humanidad: su conducta ante los jueces, ante los soldados, ante los acusadores y toda clase de difamación y escarnio; su conducta es la *cruz*. No se resiste, no defiende su derecho, no da ningún paso susceptible de conjurar el trance extremo, aún más, lo *provoca*... Y ruega, sufre y ama *a la par de los* que le hacen mal, *en los* que le hacen mal... *No* resistir, *no* odiar, *no* responsabilizar... No resistir tampoco al malo, sino *amarlo*...

## 36

Sólo nosotros, los espíritus *emancipados,* estamos en condiciones de entender algo que ha sido mal entendido por espacio de diecinueve centurias: esa probidad hecha instinto y pasión que combate la "mentira santa" aun más que cualquier otra mentira... Se ha estado infinitamente lejos de nuestra neutralidad cordial y cautelosa, de esa disciplina del espíritu sin la cual no es posible adivinar cosas tan extrañas y delicadas; en todos los tiempos se ha buscado en ellas, movidos por un egoísmo insolente, tan sólo la propia ventaja; se ha levantado sobre lo contrario del Evangelio el edificio de la *iglesia*...

Quien buscase indicios de que tras el magno juego

cósmico opera una divinidad irónica encontraría un
asidero por demás sólido en el *interrogante tremendo*
que se llama cristianismo. El que la humanidad se
postre ante lo contrario de lo que fue el origen, sentido y *derecho* del Evangelio; el que en el concepto
"iglesia" haya santificado precisamente lo que el portador de la "buena nueva" sentía como debajo de sí,
como *detrás* de sí. En vano puede encontrarse una
expresión más grande de *ironía histórica mundial*.

## 37

Nuestra época se enorgullece de su sentido histórico; ¿cómo puede creer el absurdo de que en el principio del cristianismo está la *burda fábula del taumaturgo y redentor,* y que todo lo espiritual y simbólico
es sólo una evolución posterior? Por el contrario, la
historia del cristianismo, a partir de la muerte en la
cruz, es la historia de un malentendido cada vez más
burdo sobre un simbolismo *original*. Conforme el cristianismo se propagaba entre masas más vastas y más
rudas, carentes para comprender las condiciones en
que se había originado, era necesario *vulgarizarlo y
barbarizarlo*. Ha absorbido doctrinas y ritos de todos
los cultos *clandestinos* del Imperio Romano, el absurdo de toda clase de razón enferma. La fatalidad del
cristianismo reside en el hecho de que su credo tenía
que volverse tan enfermo, bajo y vulgar como las necesidades que estaba llamado a satisfacer. La Iglesia
es la barbarie enferma hecha potencia; la Iglesia, esta
forma de la enemistad mortal a toda probidad, a toda
*altura* del alma, a toda disciplina del espíritu, a toda
humanidad generosa y cordial. Los valores *cristianos*
y los valores *aristocráticos:* ¡sólo nosotros, los espí-

ritus emancipados, hemos restablecido esta oposición de valores más grandes que existe!

### 38

A estas alturas, no puedo evitar un suspiro. Días hay en que me domina un sentimiento más negro que la más negra melancolía: el *desprecio hacia los hombres.* Y para no dejar lugar a dudas acerca de qué es lo que desprecio, quién es el que desprecio, aclaro: es el hombre de ahora, el hombre del que de un modo fatal resulto contemporáneo. El hombre de ahora; me asfixia su aliento impuro... Hacia lo pasado, como toda criatura consciente, practico una gran tolerancia, esto es, un *generoso* dominio de mí mismo; recorro con una cautela sombría el manicomio de milenios enteros, ya se llame "cristianismo", "credo cristiano" o "iglesia cristiana", cuidándome muy mucho de hacer responsable a la humanidad por sus locuras. Pero mi sentimiento experimenta un vuelo y estalla en cuanto me asomo a los tiempos modernos, a *nuestros* tiempos. Nuestra época está *esclarecida...* Lo que antes era tan sólo una enfermedad, es ahora una indecencia; ahora es indecente ser cristiano. Y *éste es el punto de partida de mi asco.* Miro en torno: no ha quedado una sola palabra de lo que en un tiempo se llamara "verdad"; ya no soportamos ni que un sacerdote pronuncie la palabra "verdad". Por muy modesta que sea la probidad exigida, hoy día no se puede menos que saber que con cada frase que pronuncia un teólogo, un sacerdote, un papa, no yerra, *miente;* que ya no es posible mentir "con todo candor", "por ignorancia". También el sacerdote sabe como todo el mundo que ya no hay ningún "Dios", ningún "pecador" ni ningún "Redentor"; que el "libre albedrío" y el "orden mo-

ral" son *mentiras;* la seriedad, la profunda autosuperación del espíritu ya no permite a nadie *ignorar* todo
esto. Todos los conceptos de la Iglesia están desen-
mascarados como lo que son: como la más maligna
sofisticación que existe, con miras a *desvalorizar* la
Naturaleza, los valores naturales; el sacerdote mismo
está desenmascarado como lo que es: como el tipo
más peligroso de parásito, la araña venenosa propiamente dicha de la vida... Sabemos, nuestra *conciencia*
sabe hoy, qué valen, para qué han servido, en definitiva, esas invenciones inquietantes y siniestras de los ·
sacerdotes y de la Iglesia con las que ha sido alcanzado ese estado de autoviolación de la humanidad que
ha hecho de ella un espectáculo repugnante. Los conceptos "más allá", "juicio final", "inmortalidad del
alma", "alma"; se trata de instrumentos de tortura,
de sistemas de crueldades mediante los cuales el sacer-
te llegó al poder y se ha mantenido en él... Todo el
mundo sabe esto; *y sin embargo, todo sigue igual que
antes.* ¿Dónde ha ido a parar el último resto de decencia, de respeto propio, ya que hasta nuestros esta-
distas, por lo demás hombres nada escrupulosos y
anticristos de la acción cien por cien, se llaman todavía cristianos y comulgan?... ¡Un príncipe al frente
de sus regimientos, magnífica expresión de la autoafirmación y soberbia de su pueblo, pero haciendo sin
pizca de vergüenza profesión de fe cristiana!... ¿A
quién niega el cristianismo? ¿Qué es lo que llama
"mundo"? El ser soldado, juez, patriota; el resistir;
el ser un hombre de pundonor; el buscar su propia
ventaja; el ser orgulloso... Cada práctica de cada instante, cada instinto, cada valoración traducida en acción, es hoy día de carácter anticristiano; ¡qué *engendro de falsía* ha de ser el hombre moderno, ya que a
pesar de todo no le da vergüenza llamarse todavía
un cristiano!

## 39

Voy a contar ahora la *verdadera* historia del cristianismo. La misma palabra "cristianismo" es un malentendido; en el fondo, no hubo más que un solo cristiano que murió crucificado. El Evangelio *murió* crucificado. Lo que a partir de entonces se llamaba Evangelio era ya lo contrario de aquella vida: una "*mala* nueva", un *disangelio*. Es absurdamente falso considerar como rasgo distintivo del cristiano una "fe", acaso la fe en la redención de Cristo; sólo es cristiana la *práctica* cristiana, una vida como la que *vivió* el que murió crucificado... Tal vida es todavía hoy factible, y para determinadas personas hasta necesaria: el cristianismo verdadero, genuino, será factible en todos los tiempos... *No* una fe, sino un hacer, sobre todo un *no hacer* muchas cosas, un *ser* diferente... Los estados de conciencia, cualquier fe, por ejemplo, el creer cierta tal o cual cosa, todos los sicólogos lo saben, son totalmente indiferentes y de quinto orden frente al valor de los instintos; más estrictamente: todo el concepto de la causalidad mental es falso. Reducir el ser cristiano, la esencia cristiana, a un creer cierta tal o cual cosa, a un mero fenomenalismo de la conciencia, significa negar la esencia cristiana. *No ha habido cristianos, en efecto.* El "cristiano", lo que desde hace dos milenios se viene llamando cristiano, no es sino un malentendido sicológico sobre sí mismo. Bien mirado, dominaban en él, pese a toda "fe", exclusivamente los instintos—¡y qué instintos!—. En todos los tiempos, por ejemplo en el caso de Lutero, la fe no ha sido más que un manto, un pretexto, una *cortina* detrás de la cual los instintos hacían de las suyas; una prudente ceguera para el imperio de *determinados* instintos... Ya en otro lugar he llamado fe a la *cordura* cristiana propiamente dicha; siempre se ha *hablado* de la "fe", siempre se ha *obrado* guiado por el instinto... En el mundo de las nociones cristianas no sé de nada que siquiera roce la realidad; en cambio hemos descubierto en el odio instintivo a toda realidad el impulso motor, el único impulsor motor del cristianismo. ¿Qué se infiere de esto? Que también *in psychologicis* el error es aquí radical, esto es, esencial, esto es, sustancia. ¡Basta sustituir un solo concepto por una realidad para que todo el cristianismo quede en la nada! Visto desde lo alto, es el más singular de todos los hechos: una religión no ya condicionada por errores, sino creadora, y aun genial, únicamente en errores perjudiciales que envenenan la vida y el corazón es un *espectáculo digno de dioses;* de esas divinidades que son al mismo tiempo filósofos y a las cuales he encontrado por ejemplo en relación con aquellos famosos diálogos en Naxos. En cuanto se desprenda de ellos (¡y de nosotros!) el asco, agradecerán el espectáculo que les ofrece el cristiano; sólo por *este* caso curioso el minúsculo astro denominado Tierra acaso se haga acreedor a la mirada, al interés, de un dios... Pues no hay que subestimar al cristiano: éste, falso *hasta el extremo del candor,* se halla muy por encima del mono: con respecto a los cristianos, cierta teoría bien conocida de la descendencia es una mera gentileza...

40

La fatalidad del Evangelio se decidió con la muerte; pendió de la "cruz"... Sólo la muerte, esta muerte inesperada e ignominiosa; sólo la cruz, reservada en general a la *canaille,* sólo esta pavorosa paradoja planteó a los discípulos el interrogante propiamente dicho: "*¿quién fue* ese hombre?"; "¿qué significó este acontecimiento?" Es harto comprensible el sentimiento de estupor y de profundo agravio, el recelo de que tal muerte significara la *refutación* de su causa, el terrible interrogante: "¿por qué precisamente así?" Aquí todo *debía* ser necesario, tener sentido, razón, razón suprema; el amor de discípulo no sabe de contingencias. Sólo entonces se abrió el abismo: "¿quién le dio muerte?; ¿quién fue su enemigo natural?" Brotaron cual relámpagos estas preguntas. Y la respuesta fue: el judaísmo *gobernante;* su clase más alta. Desde ese momento se le suponía frente al orden imperante, se entendía a Jesús *a posteriori sublevado contra el orden imperante.* Hasta entonces había faltado en la estampa de Jesús este rasgo bullicioso del decir no, de hacer no; más aún, había sido la antítesis de Jesús. Evidentemente la pequeña comunidad no comprendió lo principal, lo ejemplar de ese modo de morir, la libertad, la superioridad sobre todo resentimiento: ¡indicio de lo poco que en un plano general comprendió de él! Con su muerte Jesús evidentemente no se propuso otra cosa que dar en público la prueba más convincente de su doctrina... Pero sus discípulos no estuvieron dispuestos a perdonar esta muerte, como hubiera sido evangélico en el sentido más elevado, y menos a ofrecerse con dulce calma serena para sufrir idéntica muerte... Volvió a privar precisamente el sentimiento más antievangélico, la *venganza*. No se concebía que la cosa terminara con esta muerte; se necesitaba "represalia", "castigo" (y sin embargo, ¡qué hay tan antievangélico como la "represalia", el "castigo", el "juicio"!). Una vez más pasó a primer plano la esperanza popular en el advenimiento de su Mesías; se consideró un momento histórico: el "reino de Dios" juzgando a sus enemigos... Pero de este modo todo quedaba tergiversado: ¡el "reino de Dios" como acto final, como promesa! El

Evangelio había sido precisamente la existencia, consumación, *realidad* de este "reino". Justamente tal muerte *era* este "reino de Dios". Sólo entonces se incorporó a la figura del maestro todo el desprecio y encono hacia los fariseos y los teólogos; ¡en esta forma *se hizo* de él un fariseo y teólogo! Por otra parte, la veneración exacerbada de esas almas desquiciadas ya no soportaba esa igualdad evangélica de todos como hijos de Dios que había enseñado Jesús; su venganza consistía en *elevar* de una manera extravagante a Jesús, del mismo modo que en un tiempo los judíos, ansiosos de vengarse de sus enemigos, habían desprendido de ellos y elevado a su dios. El solo Dios y el solo hijo de Dios son por igual un producto del resentimiento...

## 41

A partir de entonces, quedaba planteado un problema absurdo: "¡cómo pudo Dios permitir esto!" A este interrogante hallaba la razón perturbada de la pequeña comunidad una respuesta terriblemente absurda: Dios inmoló a su hijo para perdón de los pecados, como víctima propiciatoria. ¡Cómo acabó de golpe el Evangelio! ¡La víctima propiciatoria, y aun en su forma más repugnante y bárbara, el sacrificio del *inocente* por los pecados de los culpables! ¡Qué paganismo tan pavoroso! Jesús había abolido el mismo concepto de "culpa"; había negado toda distancia entre Dios y el hombre; había *vivido* esta unidad de Dios y el hombre como *su* "buena nueva"... ¡Y *no* como prerrogativa! A partir de entonces, se iba incorporando gradualmente al tipo de Redentor la doctrina del juicio y de la resurrección, la doctrina de la muerte como muerte sufrida para reparar la culpa de los hombres y la doctrina de la *resurrección,* con la cual estaba escamoteado todo el concepto "bienaventuranza", toda única realidad del Evangelio, ¡en favor de un estado de ultratumba!... Pablo dio a esta concepción, a este *ultraje* de concepción, con ese descaro de sutilizante que lo caracteriza, esta fundamentación: "*si* Cristo no ha resucitado de entre los muertos, nuestra fe es vana". Y de pronto el Evangelio quedó convertido en la más despreciable de todas las promesas imposibles de cumplir: la doctrina *insolente* de la inmortalidad de la persona... ¡El propio Pablo la enseñó aun como *premio!*

## 42

Como se ve, la muerte en la cruz puso fin a un nuevo y desde todo punto original conato de movimiento pacifista búdico, de *felicidad terrenal* efectiva, no solamente prometida. Pues, como ya subrayé, tal es la diferencia principal de estas dos religiones de la *décadence:* el budismo no promete, sino cumple, en tanto que el cristianismo promete todo, pero *no cumple nada.* A la "buena nueva" la sustituyó la peor, la de Pablo. En Pablo encarna la antípoda del portador de la "buena nueva", el genio en el odio, en la visión del odio. ¡Hay que ver lo que este disangelista sacrificó al odio! Sobre todo, al propio Redentor; lo clavó en *su* cruz. La vida, el ejemplo, la doctrina, la muerte, el sentido y el derecho de todo el Evangelio; nada de esto quedó al comprender este falsario por odio lo que le convenía para sus fines: ¡no la realidad; no la verdad histórica!... Y una vez más el instinto sacerdotal del judío cometió el mismo grave crimen contra la historia (hasta aquí regleta vieja, desde aquí regleta nueva); borró sin más ni más el ayer, el anteayer, del cristianismo y *se inventó una historia del primitivo cristianismo.* Todavía más, falseó otra vez la historia de Israel, presentándola como antecedente de su propio acto, como si todos los profetas hubiesen hablado de *su* "Redentor"... Más tarde, la Iglesia hasta falseó la historia de la humanidad en el sentido de una prehistoria del cristianismo... El tipo del Redentor, la doctrina, la práctica, la muerte, el sentido de la muerte, hasta el epílogo de la muerte..., nada permaneció intacto, ni siquiera conservó una semejanza con la realidad. Pablo simplemente situó el centro de gravedad de toda aquella existencia *detrás* de dicha existencia, en la *mentira* del Jesús "resucitado". En el fondo, no le servía la vida del Redentor; precisaba la muerte en la cruz, amén de algo más... Creer en la sinceridad de Pablo, oriundo de la sede principal del esclarecimiento estoico, al tomar una alucinación por la *prueba* de que el Redentor vivía todavía, o dar siquiera crédito a su afirmación de que tuvo esta alucinación sería de parte de un sicólogo una verdadera *niaiserie* (1). Pablo buscaba su fin y, *por ende,* también los medios conducentes al logro del mismo... Lo que él no creía, lo creían los idiotas entre los cuales propagaba *su* doctrina. *Su* necesidad era el *poder;* con Pablo, el sacerdote trató una vez más de erigirse en amo; sólo le convenían conceptos, doctrinas y símbolos que sirvieran para tiranizar masas y organizar una grey. ¿Qué fue lo único que más tarde Mahoma tomó prestado del cristianismo? La invención de Pablo, su medio para establecer una tiranía de los sacerdotes y organizar una grey: la fe en la inmortalidad, vale decir, *la doctrina del "juicio"...*

---

(1) Bobería, simpleza, tontería, necedad.

## 43

Si se sitúa el centro de gravedad de la vida no en la vida, sino en el "más allá"—*en la nada*—, se despoja la vida de gravedad. La gran mentira de la inmortalidad de la persona destruye toda razón, toda naturalidad, en el instinto; todo lo que hay de benéfico, de vital, de grávido, de porvenir en los instintos despierta entonces la suspicacia. Vivir en forma que ya no tenga sentido vivir : he aquí lo que llega a ser entonces el sentido de la vida... ¿Para qué inspirarse en un espíritu de solidaridad, sentir gratitud hacia los antepasados? ¿Para qué cooperar, confiar, promover cualquier bien común?... Se trata de otras tantas "tentaciones", de otras tantas desviaciones del "justo camino". "Una sola cosa hace falta"... Que cada cual, como "alma inmortal", sea igual a cada cual; que dentro de la totalidad de los seres la "salvación" de cada cual pretenda a título legítimo atribuirse una importancia eterna; que pequeños mojigatos y medio locos tengan derecho a imaginarse que por ellos dejan constantemente de regir las leyes de la Naturaleza; no hay desprecio suficiente para estigmatizar tal exacerbación de toda clase de egoísmos hasta el infinito, hasta la *insolencia*. Y, sin embargo, a tan deplorable halago a la vanidad de la persona debe el cristianismo su *triunfo;* de este modo ha atraído precisamente a todos los malogrados, díscolos y desheredados, toda la hez y escoria de la humanidad. La "salvación del alma" quiere decir : "el mundo gira alrededor de *mí*"... El veneno de la igualdad de derechos por nadie ha sido esparcido tan sistemáticamente como por el cristianismo. Desde los más recónditos rincones de los malos instintos el cristianismo ha librado una guerra sin cuartel a todo sentimiento de veneración y distancia jerárquica entre los hombres, esto es, a la *pre-*

*misa* de toda elevación y expansión de la cultura; del resentimiento de las masas se ha forjado su *arma principal* blandida contra *nosotros,* contra todo lo aristocrático, gallardo y generoso sobre la tierra, contra nuestra felicidad sobre la tierra... La "inmortalidad", acordada a fulano y zutano, ha sido hasta ahora el atentado más grave contra la humanidad *aristocrática.* ¡Y no subestimamos la fatalidad que partiendo del cristianismo ha penetrado hasta en la política! Ya nadie trata de reivindicar prerrogativas y derechos de señoría, experimentar un sentimiento de veneración ante sí mismo y ante los que le son afines, proclamar un *pathos de la distancia jerárquica...* ¡Nuestra política *se resiente* de esta falta de coraje! El aristocratismo de la idiosincrasia ha sido socavado del modo más subrepticio por la mentira de la igualdad de las almas, y si la creencia en la "prerrogativa de los más" hacé, y *hará,* revoluciones, ¡no se dude de que es el cristianismo, el imperio de los juicios de valores *cristianos,* lo que toda revolución traduce en sangre y crimen! El cristianismo es una sublevación de todo lo vil y rastrero contra lo que tiene "altura"; el evangelio de los "humildes" rebaja...

44

Los Evangelios son inestimables, como testimonio de la corrupción, ya irremediable, prevaleciente *en el seno* de la comunidad primitiva. Lo que más tarde Pablo remató con el cinismo sutilizante propio del rabino, era el proceso de decadencia iniciado con la muerte del Redentor. Todo cuidado que se ponga en la lectura de los Evangelios es poco; cada palabra entraña muchas dificultades. Admito, no se me tomará a mal que lo diga, que por esta misma razón son para el sicólogo una fuente de placer de primer orden: como *antítesis* de toda corrupción ingenua, como el refinamiento por excelencia, como arte y maestría en la corrupción sicológica, los Evangelios ocupan un lugar aparte. Toda la Biblia constituye algo único que no admite comparación. Se está entre judíos: *primer* punto de vista a considerar para no perder por completo el hilo. Este fingimiento hecho genio en el sentido de la "santificación", no igualado ni remotamente en parte alguna entre los libros y los hombres, esta sofisticación de las palabras y los ademanes como *arte,* no obedece al azar de algún talento individual, de algún modo de ser excepcional. Requiere esto: *raza.* En el cristianismo, como arte de mentir santamente, todo el judaísmo, una rigurosísima práctica y técnica judía multisecular, alcanza su plena maestría. El cristiano, esta *última ratio* de la mentira, es el judío dos veces y aun tres... La voluntad fundamental de usar exclusivamente conceptos, símbolos y actitudes probados por la práctica del sacerdote, el rechazo instintivo de cualquier otra práctica, de cualquier otra perspectiva de calor y utilidad, no supone mera tradición, sino *herencia;* sólo como herencia obra cual segunda naturaleza. La humanidad toda, sin exceptuar los mejores espíritus de los mejores tiempos (excepción hecha de uno, que tal vez no sea más que un monstruo), ha sido víctima del engaño. Se ha leído el Evangelio como si fuese el *Libro de la Inocencia...,* hecho éste que prueba de un modo concluyente la maestría con que se ha fingido. Claro que si pudiésemos ver, siquiera de paso, a todos esos curiosos mojigatos y santos habilidosos se acabaría la farsa, y precisamente porque yo no leo palabras sin ver ademanes, *acabo con ellos...* Yo no soporto en ellos cierta manera de alzar los ojos.

Por fortuna, los libros son para los más mera *lite-*

*ratura.* No hay que dejarse confundir: dicen "¡no juzguéis!"; sin embargo, mandan al infierno a cuanto los estorba. Haciendo juzgar a Dios, juzgan ellos mismos; glorificando a Dios, se glorifican a sí mismos; postulando las virtudes que ellos son capaces de practicar, aún más, que ellos necesitan para mantenerse en su posición dominante, dan la magna apariencia de que luchan por la virtud, bregan por el imperio de la virtud. "Vivimos, morimos, nos sacrificamos por el bien" (por "la verdad", "la luz", el "reino de Dios"); en realidad hacen lo que no pueden menos que hacer. Pretenden presentar como un *deber* su propio modo de ser que los condena a una vida rastrera, a estar sentados en el rincón, a vivir cual sombras a la sombra; en virtud de la noción del deber su vida aparece como humildad, y como humildad es una prueba más de la piedad... ¡Oh, qué mendacidad tan humilde, casta y misericordiosa! "La virtud misma ha de dar fe de nosotros." Hay que leer los Evangelios como libros de seducción por la *moral;* esa pequeña gente monopoliza la moral: ¡bien sabe ella lo que hay con la moral! ¡Es la moral el medio más eficaz para *engañar* a la humanidad!

La verdad es que aquí la más consciente *soberbia de quienes se creen elegidos* finge modestia; se ha situado a sí misma, a la "comunidad", a los "buenos y justos" de una vez por todas en un lado: el de "la verdad", y el resto, "el mundo", en el otro... Tal ha sido la forma más fatal de megalomanía que se ha dado jamás sobre la tierra: pequeñas gentes mojigatas y mentirosas se pusieron a usurpar los conceptos "Dios", "verdad", "luz", "espíritu", "amor", "sabiduría" y vida", casi como sinónimos de sí mismas, para distanciarse así del "mundo"; pequeños judíos superlativos, maduros para alojarse en toda clase de manicomios, invirtieron los valores con arreglo a su propia

persona como si sólo el cristiano fuese el sentido, la
sal, la medida y también el *juicio final* de todo el resto... Toda esa fatalidad sólo fue posible por la circunstancia de que ya existía en el mundo un tipo afín,
racialmente afín, de megalomanía: el *judío;* una vez
abierto el abismo entre los judíos y los cristianos de
origen judío, éstos no tenían más remedio que emplear los mismos procedimientos de conservación que
aconsejaba el instinto judío *contra* los judíos mismos,
en tanto que éstos los habían empleado únicamente
contra todo el mundo *no* judío. El cristiano no es
más que un judío de confesión "*libre*".

45

Ofrezco a continuación algunas pruebas de lo que
esa pequeña gente se ha metido en la cabeza; de lo
que ha *puesto en boca* de su maestro: sin excepción
confesiones de "almas sublimes".

"Y dondequiera que os desecharen, no queriendo es-
cucharos, retiraos de allí, sacudid el polvo de vuestros
pies en testimonio contra ellos. En verdad os digo que
Sodoma y Gomorra serán tratadas con menor rigor en
el día del juicio, que la tal ciudad" (San Marcos, 6, 11).
¡Qué *evangélico!*...

"Al que escandalizare a alguno de estos pequeños
que creen en mí, mucho mejor le fuera que le ataran
al cuello una de esas piedras de molino que mueve un
asno y le echaran al mar" (San Marcos, 9, 41). ¡Qué
*evangélico!*...

"Si tu ojo te sirve de tropiezo, arráncalo: más te
vale entrar tuerto en el reino de Dios, que tener dos
ojos y ser arrojado al fuego del infierno; donde el
gusano que les roe nunca muere, ni el fuego jamás se
apaga" (San Marcos, 9, 46-47). Estas palabras no se
refieren precisamente al ojo...

"En verdad os digo, que algunos de los que aquí están no han de morir antes de ver el advenimiento de Dios y su potestad" (San Marcos, 8, 39). ¡Qué bien *mentido!*...

"Si alguno quiere seguirme, niéguese a sí mismo, y cargue con su cruz, y sígame. *Pues...*" *(comentario de un sicólogo.* La moral cristiana es refutada por sus *"pues":* sus "razones" refutan; cuadra todo esto con la esencia cristiana) (San Marcos, 8, 34).

"No juzguéis, *para que* no seáis juzgados. Porque con el mismo juicio con que juzgareis, habéis de ser juzgados, y con la misma medida con que midiereis, seréis medidos vosotros" (San Mateo, 7, 1-2). ¡Vaya un concepto de la justicia, del juez "justo"!...

"Que si no amáis sino a los que os aman, *¿qué premio habéis de tener?* No lo hacen así también los publicanos? Y si no saludáis a otros que a vuestros hermanos, *¿qué hacéis además?* ¿Por ventura no hacen también esto los paganos?" (San Mateo, 5, 46-47). Principio del "amor cristiano": pretende, en definitiva, una buena *remuneración...*

"Pero si vosotros no perdonáis a los hombres, tampoco vuestro Padre perdonará vuestros pecados" (San Mateo, 6, 15). ¡No arroja esto una luz muy favorable que digamos sobre el susodicho "Padre"!...

"Así que buscad primero el reino de Dios y su justicia y todas estas cosas se os darán por añadidura" (San Mateo, 6, 33). Todas estas cosas: quiero decir, alimento, ropa, todo cuanto se necesita para vivir. Un *error,* para decir poco... Algunas líneas más arriba, Dios aparece como sastre; en determinados casos, por lo menos...

"Alegraos en aquel día y saltad de gozo, *pues* os está reservada en el cielo una gran recompensa; tal era el trato que daban sus padres a los profetas" (San

**77**

Lucas, 6, 23). ¡Qué gente tan insolente! ¡Hasta le da por compararse con los profetas!...

"¿No sabéis vosotros que sois templo de Dios, y que el Espíritu de Dios mora en vosotros? Pues si alguno profanare el templo de Dios, *Dios le perderá a él.* Porque el templo de Dios, *que sois vosotros,* santo es" (Epístola I a los Corintios, 3, 16-17). Tales conceptos merecen el más profundo desprecio...

"¿No sabéis que los santos han de juzgar este mundo? Pues si el mundo ha de ser juzgado por vosotros, ¿no seréis dignos de juzgar estas menudencias?" (Epístola I a los Corintios, 6, 2). Desgraciadamente, éstas no son meras palabras de un demente... Este *terrible embustero* prosigue literalmente: "¿No sabéis que hemos de ser jueces hasta de los ángeles? ¿Cuánto más de las cosas mundanas?"...

"¿No es verdad que Dios ha considerado como fatua la sabiduría de este mundo? Porque ya que el mundo a vista de la sabiduría divina no conoció a Dios por medio de la ciencia, plugo a Dios salvar a los que creyesen en él por medio de la locura de la predicación... Considerar, si no, hermanos, quiénes son los que han sido llamados de entre vosotros, cómo no sois muchos los sabios según la carne, ni muchos los poderosos ni muchos los nobles. Sino que Dios ha escogido a los necios según el mundo, para confundir a los fuertes, y a las cosas viles, y despreciables del mundo, y a aquellas que no valían nada, para destruir las que valen: a fin de que ningún mortal se jacte ante su acatamiento" (Epístola I a los Corintios, 1, 20 y siguientes). Para *comprender* este pasaje, testimonio capital de la sicología de toda moral *tshandala,* léase la primera disertación de mi *Genealogía de la moral,* donde se destaca por vez primera el contraste entre la moral *aristocrática* y la moral *tshandala,* basada esta última en el resentimiento y el odio

impotente. Pablo fue el más grande de todos los apóstoles de la venganza...

46

*¿Qué se infiere de esto?* Que es necesario ponerse
guantes cuando se lee el Nuevo Testamento. La proximidad de tanta impureza impone casi esta medida.
No aceptaríamos la compañía de "primitivos cristianos", como no buscamos la de judíos polacos; no
hace falta siquiera esgrimir argumentos para refutar-
los... ¡Unos y otros no huelen bien! En vano he buscado en el Nuevo Testamento un solo rasgo simpáti-
co; no hay en él nada que sea liberal, bondadoso,
franco, decente. Aquí la humanidad ni ha comenza-
do; faltan los instintos de la *limpieza...* No hay en
el Nuevo Testamento más que *malos* instintos; no hay
en él ni siquiera la valentía de afirmar estos malos
instintos. Todo es cobardía, prurito de cerrar los ojos
y engaño de sí mismo. Cualquier libro parece limpio
cuando se lo lee después del Nuevo Testamento; por
ejemplo, inmediatamente después de Pablo leí con íntimo deleite a Petronio, ese ironista más donoso, más
travieso, del que pudiera decirse lo que Domenico
Boccaccio escribió al duque de Parma sobre Cesare
Borgia: *"è tutto festo";* inmortalmente sano, inmortalmente alegre y bien nacido... Pues esos pequeños
mojigatos desaciertan en la cosa principal. Atacan,
pero todo lo que es atacado por ellos queda así *distinguido.* Es un honor provocar la ira de los "primitivos cristianos". No se lee el Nuevo Testamento sin
sentirse atraído por lo que maltrata; para no hablar
de la "sabiduría de este mundo", que un alborotador
insolente trató en vano de desacreditar "por medio de
la locura de la predicación"... Mas incluso los fari-

seos y los escribas se benefician con tal enemistad; algo valdrían, ya que fueron odiados de una manera tan indecente. Hipocresía, ¡vaya un reproche en boca de "primitivos cristianos"! En último análisis, los fariseos y los escribas eran los *privilegiados;* con esto basta para que se desate el odio *tshandala*. El "primitivo cristiano", me temo que también el último cristiano, *que yo viviré tal vez para verlo,* empujado por su más soterrado instinto se subleva contra todo lo privilegiado; ¡vive y lucha siempre por la "igualdad de derechos"!... Bien mirado, no tiene más remedio. Si uno pretende ser personalmente un "elegido de Dios", o un "templo de Dios", o un "juez de los ángeles"; cualquier principio selectivo diferente, basado, por ejemplo, en la honradez, en el espíritu, en la virilidad y el orgullo, en la belleza y libertad del corazón, es simplemente "mundo"; *el mal en sí*... Moraleja: palabra que pronuncia un "primitivo cristiano" es una mentira, y acto que lleva a cabo, una falsía instintiva; todos sus valores, todos sus objetivos, son perjudiciales, mas todo objeto de su odio, ya sea persona o cosa, *tiene valor*... El cristiano, el sacerdote cristiano señaladamente, es un *criterio de los valores.* ¿Será necesario agregar que en todo el Nuevo Testamento hay una sola figura que se hace acreedora a nuestra narración? Es Pilato, el lugarteniente romano. Él no se aviene a tomar *en serio* un pleito de judíos. ¿Qué le importa judío más, judío menos?... La burla aristocrática de un romano ante el cual se hace un abuso insolente de la palabra "verdad" ha enriquecido el Nuevo Testamento con las únicas palabras que en él *tienen valor,* y que implican su crítica, y aun su destrucción: "¡qué es verdad!..."

47

Lo que nos diferencia a nosotros no es el hecho de que ya no encontramos un dios ni en la historia ni en la Naturaleza, ni tampoco tras la Naturaleza, sino que lo que ha sido venerado como Dios se nos antoja, no "divino", sino lamentable, absurdo y perjudicial; no ya un error, sino un *crimen contra la vida...* Negamos a Dios como Dios... Y si se nos *probase* a este dios de los cristianos, aún menos sabríamos creer en él. Expresado en una fórmula: *deus qualem Paulus creavit, dei negatio.* Una religión como el cristianismo, que en ningún punto toca a la realidad y se viene abajo en cuanto la realidad se impone siquiera en un solo punto, no puede por menos de ser la enemiga mortal de la "sabiduría de este mundo", vale decir, de la *ciencia;* aprobará todos los medios por los cuales sea posible emponzoñar, difamar y desprestigiar la disciplina del espíritu, la estrictez austera en las cuestiones de conciencia del espíritu, la reserva y libertad aristocráticas del espíritu. La "fe" como imperativo es el veto a la ciencia, y en la práctica la mentira a cualquier precio... Pablo comprendió que hacía falta la mentira, "la fe"; la Iglesia, a su vez, comprendió más tarde a Pablo. Ese "Dios" inventado por Pablo, un dios que "confunde" la "sabiduría de este mundo" (en sentido estricto, las dos grandes contrincantes de toda superstición: la filología y la medicina), no es en realidad sino la firme *resolución* de Pablo en este sentido; llamar a su propia voluntad "Dios", *thora,* es típicamente judío. Pablo está decidido a "confundir la sabiduría de este mundo"; sus enemigos son los *buenos* filólogos y médicos formados en Alejandría: a ellos plantea la guerra. En efecto, no se es filólogo y médico sin ser al mismo tiempo *anticristiano.* Pues como filólogo se mira *detrás* de los "libros sagrados", y como médico, *detrás* de la degeneración fisiológica del tipo cristiano. El médico dictamina: "incurable", y el filólogo: "mentira"...

## 48

¿Se ha comprendido la famosa historia que encabeza el relato de la Biblia, la del miedo terrible de Dios a la *ciencia?*... No se la ha comprendido. Este libro sacerdotal por excelencia empieza, como es natural, por la gran dificultad interior del sacerdote; éste no conoce más que *un* grave peligro, *luego* "Dios" no conoce más que *un* grave peligro.

El viejo Dios, todo "espíritu", todo pontífice, todo perfección, se pasea por su jardín, y se aburre. Ni los dioses pueden evitar el aburrimiento. ¿Qué hace Dios para remediarlo? Inventa al hombre, puesto que el hombre es entretenido... Pero he aquí que también el hombre se aburre. Reacciona Dios con una simpatía sin límites contra la única desventura propia de todos los paraísos y crea otros animales. Primer desacierto de Dios: el hombre no encontró entretenidos a los animales; se erigió en amo de ellos, no quiso ser ni siquiera "animal". En consecuencia, Dios creó la mujer. Y entonces se acabó, en efecto, el aburrimiento; ¡pero también se acabaron otras cosas! La mujer fue el *segundo* desacierto de Dios. "La mujer es por su esencia serpiente, Heva", como lo saben todos los sacerdotes; "la mujer es la raíz de *todos* los males en el mundo"; esto también lo saben todos los sacerdotes. "*Luego,* ella es también la raíz de la *ciencia*"... Sólo a causa de la mujer el hombre aprendió a comer del fruto del árbol de la ciencia del bien y del mal. ¿Qué había pasado? El viejo Dios se sintió preso de un miedo terrible. El hombre resultaba ser su mayor desacierto; con él se había creado a sí mismo un

rival: la ciencia hace *semejante a Dios;* ¡los sacerdotes y los dioses están perdidos si el hombre se
vuelve científico! Moraleja: la ciencia es lo prohibido en sí; únicamente ella es prohibida. La ciencia
es el pecado primordial, el germen de todo pecado, el
pecado original. *Sólo esto es la moral.* "No conoce-
rás": todo lo demás se sigue de este mandamiento.
Su miedo terrible no impidió a Dios ser listo e inteligente. ¿Cómo se combate la ciencia? Tal fue durante
largo tiempo su problema capital. Respuesta: ¡hay
que expulsar al hombre del paraíso! La felicidad, el
ocio, lleva a pensar, todos los pensamientos son malos
pensamientos... El hombre no *debe* pensar. Y el "sacerdote en sí" inventa el apremio, la muerte, el peligro
moral del embarazo, toda clase de miseria, vejez y desventura, sobre todo la *enfermedad;* ¡en su totalidad
medios para combatir a la ciencia! El apremio no
permite al hombre pensar... ¡Y, sin embargo!, ¡horror!, la obra del conocimiento se va agigantando,
asaltando el cielo, amenazando con la ruina la divinidad. ¿Qué hacer? El viejo Dios inventa la *guerra,*
desune a los pueblos y hace que los hombres se des-
truyan unos a otros (los sacerdotes siempre han tenido necesidad de la guerra...). La guerra es, ¡entre
otras cosas, una grande perturbadora de la ciencia!
¡Increíble! El conocimiento, *la emancipación de los
hombres del sacerdote,* progresa aun a pesar de las
guerras. Entonces, el viejo Dios llega a esta conclusión última: "el hombre se ha vuelto científico; *¡no
hay más remedio que ahogarlo!"*...

## 49

Se me ha comprendido. El comienzo de la Biblia
contiene *toda* la sicología del sacerdote. El sacerdote
no conoce más que *un* grave peligro: la ciencia; el

concepto sano de causa y efecto. Mas en su conjunto, la ciencia sólo prospera bajo condiciones propicias; hay que tener tiempo, espíritu, *de sobra* para "conocer"... "En consecuencia, hay que provocar la desgracia del hombre", tal ha sido en todos los tiempos la lógica del sacerdote. Ya se adivina lo que sólo a raíz de esta lógica se ha incorporado al mundo: el "pecado"... El concepto de culpa y castigo, todo el "orden moral", está inventado para combatir la ciencia; para *combatir* la emancipación de los hombres del sacerdote... El hombre no debe mirar más allá, sino adentro de sí mismo; no debe mirar, inteligente y prudentemente, aprendiendo adentro de las cosas; no debe mirar, en fin, sino *sufrir*... Y debe sufrir de manera que tenga en todo tiempo necesidad del sacerdote. ¡Fuera los médicos; *Lo que hace falta es un Salvador.* La noción de culpa y castigo, así como la doctrina de la "gracia", de la "redención" y del "perdón", *mentiras* cien por cien, desprovistas de toda realidad sicológica, están inventadas para destruir el *sentido causal* del hombre; ¡representan el atentado contra el concepto "causa y efecto"! ¡Y no un atentado llevado a cabo a puñetazo limpio, a punta de cuchillo, con la sinceridad en el odio y el amor!, ¡sino uno dictado por los instintos más bajos, cobardes y pérfidos! ¡Un atentado de *sacerdotes*! ¡Un atentado de parásitos! ¡Un vampirismo de pálidos y furtivos chupadores de sangre!... Si las consecuencias naturales de los actos dejan de ser "naturales"; si se las concibe determinadas por fantasmas conceptuales de la superstición, por "Dios", "espíritus", "almas", como consecuencias exclusivamente "morales", como premio, castigo, advertencia, recurso educativo, queda destruida la premisa del conocimiento; *queda cometido el crimen más grave contra la humanidad.* El pecado, esta forma de autoviolación del hombre por excelencia, como queda dicho, está inventado para imposibilitar la ciencia, la cultura, toda elevación y aristocratismo del hombre. El sacerdote *señorea* en virtud de la invención del pecado.

## 50

Insisto en este lugar en un análisis sicológico de la "fe", de los "fieles"; en beneficio, como es natural, precisamente de los "fieles". Si hoy no faltan quienes no saben que ser un "creyente" es indecente, o bien un síntoma de *décadence,* de impulso vital quebrado, mañana ya lo sabrán. Mi voz llega también a los oídos duros. Parece, si no he oído mal, que entre los cristianos hay un afán de la verdad que llaman "la prueba de la fuerza". "La fe salva; *luego* ella es cierta." Cabe objetar a esto, por lo pronto, que precisamente eso de que la fe salva no está demostrado, sino tan sólo prometido: la bienaventuranza está supeditada a la "fe", los fieles han de alcanzar la bienaventuranza *en virtud* de su fe... Pero ¿cómo puede demostrarse que efectivamente se cumple lo que el sacerdote promete a los fieles respecto al "más allá", sustraído a toda verificación? De suerte que la presunta "prueba de la fuerza" no es, a su vez, sino la fe en que no dejará de producirse el efecto que se atribuye a la fe. La fórmula correspondiente reza: "creo que la fe salva; *luego* ella es cierta". Pero este "luego" significa erigir el *absurdum* mismo en criterio verdadero. Mas suponiendo, con cierta indulgencia, que esté demostrado eso de que la fe salva (no sólo deseado, no sólo prometido por la boca un tanto dudosa del sacerdote): ¿sería la bienaventuranza—más técnicamente hablando, el *placer*—una prueba de la verdad? *No* lo es, hasta el punto de que cuando intervengan sentimientos de placer en la dilucidación de la cuestión: "¿qué es verdadero?", esto casi significa la refutación de la "verdad" y en todo caso autoriza a considerarla con máximo recelo. La prueba del "placer" es una prueba de "placer", nada más; ¿de dónde se saca que los juicios *ciertos* causan más placer que los falsos y de acuerdo con una armonía preestablecida necesariamente traen consigo sentimientos gratos? La experiencia de todos los espíritus austeros y profundos enseña *lo contrario*. Se ha tenido que arrancar en duro forcejeo cada palmo de verdad; se ha tenido que sacrificar por él casi todo lo que es grato al corazón humano y nutre la confianza del hombre en la vida. Se requiere grandeza del alma; servir a la verdad es el servicio más duro. ¿Qué significa la *probidad* en las cosas del espíritu? ¡Significa ser riguroso con su corazón, despreciar los "sentimientos sublimes", hacer de cada sí y no un caso de conciencia. La fe salva; *luego* miente...

51

Que la fe "salva" eventualmente; que la "salvación" no convierte una idea fija necesariamente en una idea cierta; que la fe no mueve montañas, pero *supone* montañas allí donde no hay ninguna, es algo de lo que cualquiera se convence realizando una breve recorrida por cualquier *manicomio. No* convence, por cierto, al sacerdote; pues éste niega por instinto que la enfermedad sea una enfermedad y el manicomio un manicomio. El cristianismo *ha menester* la enfermedad, más o menos del mismo modo que el helenismo ha menester un excedente de salud; *enfermar* es el propósito subyacente propiamente dicho de todo el sistema terapéutico de la Iglesia. Y la Iglesia misma

¿no es el manicomio católico como ideal último? ¿No aspira ella a convertir el globo entero en un manicomio? El hombre religioso, como lo quiere la Iglesia, es un típico *décadent;* todas las épocas en que un pueblo se debate en una crisis religiosa se caracterizan por epidemias nerviosas; el "mundo interior" del hombre religioso se parece en un todo al "mundo interior" de los sobreexcitados y agotados; los "estados supremos" que el cristianismo ha suspendido como valor de los salores sobre la humanidad son formas epileptoides; la Iglesia ha canonizado exclusivamente a locos o grandes embusteros *in majorem dei honorem...* En una oportunidad me he permitido calificar todo el *training* cristiano de penitencia y redención (para cuyo estudio se presta hoy día en particular Inglaterra) de *folie circulaire* metódicamente provocada, por supuesto que en una tierra propicia, vale decir, totalmente morbosa. Nadie está en libertad de abrazar el credo cristiano; al cristianismo no se es "convertido"; hay que estar lo suficientemente enfermo para poder ser un cristiano... Nosotros, los otros, que tenemos valor suficiente para ser sanos, y también para despreciar, ¡cuán profundamente nos es dable despreciar una religión que ha enseñado a entender mal el cuerpo!, ¡que se aferra a la superchería referente al alma!, ¡que señala la alimentación insuficiente como un "mérito"!, ¡que combate la salud teniéndola por una especie de enemigo, diablo y tentación!, ¡que se ha imaginado que cabe un "alma perfecta" en un cuerpo hecho un cadáver y para tal fin tenía que inventar un concepto nuevo de la "perfección", un ser anémico, enclenque, estúpidamente exaltado, la llamada "santidad"; ¡santidad: a su vez una sintomatología del cuerpo empobrecido, enervado, irremediablemente arruinado!... El movimiento cristiano, como movimiento europeo, es desde un principio un movimiento global de toda clase de escoria y desecho (que a través del cristianismo quiere adueñarse del poder). *No* expresa la decadencia de una raza, sino que es un conglomerado de formas de la *décadence* de variada procedencia, que se buscan y se concentran. Lo que hizo posible al cristianismo *no* fue la corrupción del mundo antiguo mismo, de la antigüedad *aristocrática,* como se cree comúnmente; nunca se condenará con suficiente rigor la idiotez erudita que sostiene todavía punto de vista semejante. Precisamente en los tiempos en que en todo el Imperio Romano se cristianizaron las masas enfermas y corruptas del bajo pueblo, el *tipo opuesto,* el aristocratismo, hallaba su expresión más plena y hermosa. Se impuso la compacta mayoría; triunfó el democratismo de los instintos cristianos... El cristianismo no era "nacional", no estaba racialmente determinado; se dirigía a todos los desheredados de la vida y tenía sus aliados en todas partes. La *rancune* (1) básica de los enfermos, el instinto, ha sido vuelto por el cristianismo *contra* los santos, *contra* la salud. Todo lo bien nacido, orgulloso y soberbio, sobre todo la belleza, lastima su vista y oídos. Llamo una vez más la atención sobre estas palabras inestimables de Pablo: "Dios ha escogido a los *necios* según el mundo, a los *flacos* del mundo y a las cosas *viles* y *despreciables* del mundo"; *tal* era la fórmula, bajo este signo triunfó la *décadence. Dios clavado en la cruz;* ¿todavía no se comprende la pavorosa segunda intención de este símbolo?: todo lo que sufre, todo lo que está clavado en la cruz, es *divino...* Todos nosotros estamos clavados en la cruz, por consiguiente, somos divinos..., únicamente nosotros somos divinos... El advenimien-

---

(1) "Rencor".

to del cristianismo fue un triunfo. El cristianismo es la mayor desgracia que se ha abatido jamás sobre la humanidad.

52

El cristianismo es también incompatible con toda salud *mental;* sólo la razón enferma le sirve como razón cristiana; toma la defensa de toda imbecilidad, fulmina su anatema contra el "espíritu", contra la *supcrbia* del espíritu sano. Dado que la enfermedad forma parte de la esencia del cristianismo, también el estado típicamente cristiano, "la fe", no puede por menos que ser una modalidad patológica, y la Iglesia no puede por menor que denunciar todos los caminos derechos, honrados, científicos del conocimiento como caminos *prohibidos.* La misma duda es un pecado... La falta absoluta de limpieza sicológica del sacerdote, tal como se advierte en el mirar, es una consecuencia de la *décadence;* obsérvese en las mujeres histéricas y, por otra parte, en los niños raquíticos la regularidad con que la falsía por instinto, la propensión a la mentira, por el gusto de mentir, la incapacidad para el mirar y avanzar recto, es la expresión de *décadence.* La "fe" significa *negarse* a saber la verdad. El pietista, el sacerdote de ambos sexos, es falso *porque* es enfermo; su instinto *exige* que la verdad no prevalezca en punto alguno. "Lo que enferma es *bueno;* lo que proviene de la plenitud, de la superabundancia, del poder, es *malo*", he aquí cómo siente el fiel. *El no poder menos que mentir* es el rasgo en que se me revela cualquier teólogo predestinado. Otra característica del teólogo es su *incapacidad para la filología.* Por filología ha de entenderse aquí, en un sentido muy lato, el arte de bien leer, de poder leer los hechos *sin* falsearlos a través de la interpretación, sin perder, de tanto ansiar comprensión, la prudencia, la paciencia y la delicadeza. La filología como *efexis* en la interpretación, ya se trate de libros o de informaciones periodísticas, de destinos o de datos meteorológicos, para no decir nada de la "salvación del alma"... La forma como el teólogo, en Berlín o en Roma, interpreta la "palabra de la Escritura" o los acontecimientos, por ejemplo una victoria del ejército nacional, a la luz superior de los salmos de David, siempre es tan *osada* que el filólogo se vuelve loco. ¡Y no se diga los pietistas y otros burros de Suabia por el estilo que transforman la mísera estrechez y trivialidad de su existencia con ayuda del "dedo de Dios" en un milagro de "gracia", "providencia" y "bienaventuranzas"! Con un poquito de ingenio, para no decir de *decencia,* esos intérpretes debieran convencerse de lo absolutamente pueril e indigno de semejante abuso de la destreza divina. Con un poquito de piedad, un Dios que en el momento oportuno corta el resfrío o lo induce a uno a subir al coche en el instante preciso en que empieza a llover a cántaros debiera suponerse un Dios tan absurdo como para ser abolido, caso de que existiera. Un Dios como sirviente, como cartero, como guardián del calendario; en definitiva, una palabra que designa el más estúpido de los azares... La "divina Providencia", tal como todavía hoy la suponen en la "Alemania culta" de tres personajes uno, sería la objeción más terminante contra Dios que pueda imaginarse. ¡Y en todo caso es una objeción contra los alemanes!...

### 53

Que los *mártires* demuestren la verdad de una causa es una creencia tan falsa que me inclino a creer que jamás mártir alguno ha tenido que ver con la verdad.

El mismo acento con que el mártir arroja al mundo a la cabeza su credo fanático, expresa un grado tan bajo de probidad intelectual, un sentido tan pobre de la "verdad", que huelga refutarlo. La verdad no es algo que tenga tal o cual persona; piensan de tal manera a lo sumo los patanes, o los apóstoles de patanes al modo de Lutero. Cabe afirmar que en función del grado de escrupulosidad en las cosas del espíritu aumenta la modestia y moderación discreta en esta materia. Corresponde *saber* cinco cosas y desechar con mano delicada cualquier otro saber... La "verdad", tal como la entiende cualquier profeta, sectario, librepensador, socialista y teólogo, es una prueba terminante de que no se tiene ni pizca de esa disciplina del espíritu y autosuperación que se requieren para encontrar siquiera una pequeña, minúscula verdad. Los martirios, dicho sea de paso, han sido una gran desgracia en la historia, pues *seducían*... La conclusión de todos los imbéciles, las mujeres y el vulgo inclusive, en el sentido de que una causa en aras de la cual uno sacrifica su vida (y, sobre todo, una que, como el cristianismo primitivo, provoca epidemias de anhelo de la muerte) ha de ser verdadera; esta conclusión ha sido una poderosísima traba para la crítica, para el espíritu de la crítica y la cautela. Los mártires han hecho *daño* a la verdad... Todavía hoy, la persecución sañuda basta para prestigiar cualquier movimiento sectario en sí indiferente. ¿Es posible que el sacrificio por una causa pruebe el valor de dicha causa? Todo error prestigiado es un error que posee un poder de seducción más. Las causas se las refuta poniéndolas respetuosamente entre hielo; del mismo modo se refuta también al teólogo... La estupidez trascendental de todos los perseguidores ha sido precisamente aureolar la causa contraria de aparente prestigio, obsequiarla con la seducción del martirio... Todavía hoy la mujer se postra ante un error porque se le ha dicho que alguien murió crucificado por él. *¿Es la cruz por ventura un argumento?* Mas acerca de todas estas cosas uno sólo ha dicho la palabra que desde hace miles de años debió decirse: *Zaratustra*.

"Con caracteres de sangre trazaban signos en su camino, y su insensatez enseñaba que por la sangre se demostraba la verdad.

"Sin embargo, la sangre es el peor testigo de la verdad; envenena la sangre aun la doctrina más pura, trocándola en obcecación y odio de los corazones.

"Y si uno se errojase a las llamas por su doctrina, ¡qué probaría! Más importante es, en verdad, que de la propia brasa surja la propia doctrina" (VI, 134).

## 54

Digan lo que digan, los espíritus grandes son escépticos. Zaratustra es un escéptico. La fuerza, la *libertad* nacida en la fuerza y plenitud del espíritu, *se prueba* por el escepticismo. Los hombres de convicción no cuentan para las cuestiones fundamentales de valor. Las convicciones son cárceles. Esa gente no ve suficientemente a distancia, no ve *debajo* de sí; mas para tener derecho a opinar acerca del valor y desvalor es preciso ver quinientas convicciones *debajo* de sí, *tras* sí... Todo espíritu que persiga un fin grande y diga sí a los medios conducentes al logro del mismo es por fuerza escéptico. El no estar atado a ninguna convicción, el estar capacitado para el mirar soberano, es un atributo de la fuerza. La gran pasión, fondo y poder de su ser, aún más esclarecida y despótica que él mismo, acapara todo su intelecto; ahuyenta los escrúpulos y le infunde valor para apelar incluso a medios impíos; eventualmente le *concede* convicciones. La convicción como *medio:* muchas cosas se las logra únicamente mediante una convicción. La gran pasión necesita y consume convicciones; no se les somete, tiene conciencia de su soberanía. A la inversa, la necesidad de fe, de algún sí y no absoluto, el carlylismo (¡valga el término!), es una necesidad dictada por la *debilidad.* El hombre de la fe, el "fiel", de cualquier índole, es necesariamente un hombre dependiente, uno que no es capaz de establecerse *a sí mismo* como fin, de establecer fin alguno por su cuenta. El "fiel" no se pertenece a sí propio; sólo puede ser un medio, tiene que ser *consumido,* necesita de alguien que lo consuma. Su instinto exalta la moral de la alienación de sí mismo; a ella lo persuade todo: su cordura, su experiencia, su vanidad. Toda fe es de por sí una expresión de alienación de sí mismo, de abdicación del propio ser... Si se considera la necesidad que tienen los más de una norma que desde fuera los ate y sujete; que la coerción, en un sentido superior de *esclavitud,* es la condición única y última bajo la cual prospera el individuo de voluntad débil, sobre todo la mujer, se comprende también la convicción, la "fe". El hombre de la convicción tiene en ésta su apoyo y arrimo. *No* ver muchas cosas, no ser desprejuiciado en punto alguno, sino ser en un todo facción, aplicar a todas las cosas una óptica estricta y necesaria, he aquí las premisas sin las cuales tal tipo humano no podría existir. Ahora bien, esto significa ser el antípoda, *el antagonista* del veraz, de la verdad... Al "fiel" ni le es permitido tener una conciencia respecto a "verdadero" y "falso"; ser honesto en *este* punto significaría su ruina inmediata. Su óptica patológicamente condicionada hace del convencido un fanático—Savonarola, Lutero, Rousseau, Robespierre, Saint-Simon—, el tipo contrario del espíritu fuerte, libertado. Mas la gran postura de estos espíritus *enfermos,* de estos epilépticos del concepto, sugestiona a las masas; los fanáticos son pintorescos, y los hombres prefieren ver posturas a escuchar argumentos...

## 55

Demos un paso más hacia adelante en la sicología de la convicción, de la "fe". Hace mucho planteé la cuestión de si las convicciones no son enemigas más peligrosas de la verdad que las mentiras *(Humano, demasiado humano* I, afs. 54 y 483). En este momento deseo formular esta pregunta decisiva: ¿existe, en definitiva, un contraste entre la mentira y la convicción? Todo el mundo cree que sí; pero ¡qué no cree todo el mundo! Toda convicción tiene su historia, sus formas preliminares, sus tentativas y yerros; llega a ser una convicción después de mucho tiempo de *no* haberlo sido y tras un tiempo más largo aún en que lo ha sido *a duras penas.* ¿Cómo?, ¿no es posible que entre estas formas embrionarias de la convicción figure también la mentira? A veces todo es cuestión de un mero cambio de persona: en el hijo tórnase en convicción lo que en el padre ha sido aún mentira. Yo llamo mentira empeñarse en *no* ver lo que se ve, dando igual que la mentira se produzca ante testigos o sin testigos. La mentira más corriente es aquella con que uno se miente a sí mismo; mentir a otros es, relativamente, la excepción. Ahora bien, este empeñarse en *no* ver lo que se ve, este empeñarse en no ver *tal cual* se ve, cabe decir que es la premisa capital de todos los que son *facción,* en cualquier sentido; el hombre partidario miente por fuerza. Los historiadores alemanes, por ejemplo, están convencidos de que Roma encarnaba el despotismo y que los germanos han obsequiado al mundo el espíritu de la libertad; ¿qué diferencia hay entre esta convicción y la mentira? ¿Es de extrañar que todo lo que es facción, el historiador alemán inclusive, baraje por instinto las palabras sonoras de la moral; que casi pueda decirse que la moral *subsiste* en virtud del hecho de que el hombre partidario, de cualquier índole, le ha menester en todo momento? "Tal es *nuestra* convicción; la proclamamos a los cuatro vientos, vivimos y morimos por ella; ¡respeto a todo el que tiene convicciones!" Palabras parecidas las he escuchado hasta de labios antisemitas. ¡Al contrario, señores! Un antisemita, no por mentir por principio es más decente... Los sacerdotes, que en tales casos son más sutiles y se dan cuenta plena de la objeción que implica el concepto de la convicción, esto es, de la mendacidad fundamental y metódicamente practicada, por conveniente, han hecho suya la habilidad judía de intercalar en este punto los conceptos "Dios", "voluntad de Dios" y "revelación de Dios". Kant adoptó el mismo temperamento, con su imperativo categórico; en esto, su razón se hizo práctica. Cuestiones hay donde *no* es permitido al hombre decidir sobre verdad y falsedad; todas las cuestiones supremas, todos los problemas supremos del valor se hallan más allá de la razón humana... Comprender los límites de la razón; he ahí la verdadera filosofía... ¿Para qué dio Dios al hombre la revelación? ¿Haría Dios algo superfluo? El hombre no es capaz de discernir por sí solo entre el bien y el mal, por esto Dios le enseñó su voluntad... Moraleja: el sacerdote *no* miente; en las cosas de que hablan los sacerdotes no se plantea la cuestión de lo "verdadero" y lo "falso"; estas cosas ni permiten mentir. Pues la mentira presupone la facultad de discernir lo verdadero; sin embargo, el hombre *no posee* esta facultad, de lo cual se infiere que el sacerdote no es sino el portavoz de Dios. Tal silogismo sacerdotal no es en modo alguno específicamente judío o cristiano; el derecho a la mentira y el *truco* de la "revelación" son propios de todos los sacerdotes, de los de la *décadence* no menos que de los del paganismo (pues son paganos todos los que dicen sí a la vida, para los cuales "Dios" es la palabra que designa el magno sí a todas las cosas). La "ley", la "voluntad de Dios", la "Sagrada Escritura", la "inspiración", palabras que expresan sin excepción las condiciones bajo las cuales el sacerdote llega a dominar y mediante las cuales asegura su dominio; estos conceptos constituyen la base de todas las organizaciones sacerdotales, de todos los señoríos sacerdotales o filosófico-sacerdotales. La "santa mentira", que Confucio, el Código de Manú, Mahoma y la Iglesia cristiana tienen de común, no falta tampoco en Platón. "Es dada la verdad": significa esto, dondequiera que se afirme, *que el sacerdote miente...*

## 56

En última instancia, todo depende del *fin* de la mentira. El que en el cristianismo falten los fines "santos" es *mi* objeción contra sus medios. No hay en él más que fines *malos:* el emponzoñamiento, detracción y negación de la vida, el desprecio hacia el cuerpo, la degradación y autoviolación del hombre por el concepto del pecado; *luego* también sus medios son malos. Experimento el sentimiento contrario al leer el Código de Manú, una obra tan incomparablemente espiritual y superior, que *mencionarla* al mismo tiempo que la Biblia sería un pecado contra el espíritu. Adivínase en seguida que tiene por fondo y esencia una verdadera filosofía, no tan sólo una maloliente judaina compuesta de rabinismo y superchería; ni aun el más refinado sicólogo se queda aquí con las manos vacías. No se olvide lo principal, la discrepancia fundamentar con cualquier tipo de Biblia: en este Código, las castas *aristocráticas,* los filósofos y los guerreros, dan la pauta a las masas; señorean en todos los órdenes valores aristocráticos, un sentimiento de perfección, un decir sí a la vida, un goce triunfante de sí mismo y de la vida; todo este libro está bañado en sol. Todas las cosas que el cristianismo hace víctimas de su inenarrable vileza, como la procreación, la mujer y el matrimonio, aquí son tratadas con seriedad y veneración, con amor y confianza. Como para poner en manos de niños y mujeres un libro que contiene esta frase infame: "por evitar la fornicación viva cada uno con su mujer, y cada una con su marido...; más vale casarse que abrasarse". ¿Y es permitido ser un cristiano mientras la génesis del hombre esté cristianizada, esto es, envilecida por el concepto de la *inmaculata conceptio?*... No conozco libro alguno donde se digan acerca de la mujer tantas cosas delicadas y bondadosas como en el Código de Manú; esos ancianos y santos saben tener con la mujer una gentileza jamás igualada. "La boca de la mujer", reza determinado pasaje, "el seno de la doncella, la oración del niño y el humo del holocausto siempre son puros". Y otro pasaje: "nada hay tan puro como la luz del sol, la sombra de la vaca, el aire, el agua, el fuego y el aliento de la doncella". Y he aquí un tercer pasaje, tal vez otra santa mentira: "todos los orificios del cuerpo del ombligo para arriba son puros, todos los del ombligo para abajo son impuros. Sólo el cuerpo de la doncella es puro en su totalidad".

## 57

Se sorprende *in flagranti* la *impiedad* de los medios cristianos comparando el fin cristiano con el fin del Código de Manú; arrojando una luz cruda sobre este máximo contraste de fines. El crítico del cristianismo se ve obligado, quiera o no, a *denigrar* al cristianismo. Un código como el de Manú se origina como todo código bueno: sintetiza la experiencia, sabiduría y moral experimental de muchas centurias; resume, ya no crea nada. La premisa de una codificación de esta índole es la comprensión de que los medios por los que se confiere autoridad a una *verdad* ardua y costosamente adquirida son radicalmente distintos de aquellos que servirían para demostrarla. Ningún código consigna la utilidad, las razones, la casuística con respecto a los antecedentes de tal ley; pues esto significaría perder el acento de imperativo, el "tú debes", la premisa del acatamiento. El problema reside justamente en esto. En determinado punto de la evolución de un pueblo, la capa más perspicaz del mismo, esto es, aquella cuya mirada se adentra más profundamente en el pasado y el futuro, declara cerrada la experiencia según la cual debe—vale decir *puede*—vivirse. Su propósito es recoger una cosecha lo más abundante e íntegra posible de los tiempos de experimentación y de la *mala* experiencia; en adelante debe, pues, impedirse ante todo que continúe la experimentación; que subsista el estado fluctuante de los valores, la indagación, selección y crítica de los valores *in finitum*. Se pone a esto un doble dique: de un lado, la *revelación,* o sea, la afirmación de que la razón inherente a esas leyes *no* es de origen humano, no ha sido buscada y encontrada poco a poco y tras una larga serie de yerros, sino que, siendo de origen divino, es cabal, perfecta, algo que no tiene historia,

un regalo, un milagro, algo tan sólo comunicado...,
y del otro, la *tradición,* o sea, la afirmación de que
la ley existe desde antiguo y que ponerla en tela de
juicio es una falta de piedad, un crimen contra los
antepasados. La autoridad de la ley se asienta en esta
tesis: Dios la ha *instituido* y los antepasados la han
*vivido.* La razón superior de tal procedimiento reside
en el propósito de alejar la conciencia paso a paso de
la vida reconocida como justa (esto es, probada por
una experiencia tremenda y rigurosamente tamizada)
con objeto de conseguir el automatismo absoluto de
los instintos, esa premisa de toda maestría, de toda
perfección en el arte de vivir. Redactar un código
como el de Manú significa brindar a un pueblo en lo
sucesivo la oportunidad de llegar a ser maestro, de
alcanzar la perfección, de aspirar al supremo arte de
vivir. *Para este fin, hay que volverlo inconsciente;* tal
es el propósito subyacente a toda santa mentira. El
*régimen de castas,* la ley suprema, dominante, no es
sino la sanción de un régimen natural, una legalidad
natural de primer orden con que no puede ningún
antojo, ninguna "idea moderna". En toda sociedad
sana se diferencian y se condicionan mutuamente tres
tipos de distinta gravitación fisiológica, cada uno con
su propia higiene, su propia esfera de trabajo, su propio sentimiento de perfección y su propia maestría.
La Naturaleza, *no* Manú, diferencia el tipo de predo-
minante intelectualidad, el tipo que prevalece la fuerza muscular y temperamental y aquel que no se distingue ni por lo uno ni por lo otro, o sea, el de los mediocres; este último tipo como vasta mayoría y aquéllos como tipos selectos. La casta más alta, la llamo
*los menos* por ser la perfecta, posee también las prerrogativas de los menos, entre las cuales figura la de
encarnar la ventura, la belleza y la bondad sobre la
tierra. Sólo a los hombres más espirituales es permi-

tida la belleza, lo bello; sólo en ellos la bondad no es debilidad. *Pulchrum est paucorum hominum:* lo bueno es una prerrogativa. En cambio, nada es tan inadmisible en ellos como los modales groseros o la mirada pesimista, ojos que *afean,* cuando no una actitud de indignación ante el aspecto total de las cosas. La indignación es una prerrogativa de los *tshandalas,* como lo es también el pesimismo. "*El mundo es perfecto*", dice el instinto de los más espirituales, el decir sí, "y la imperfección, el ser *inferior* a nosotros en cualquier sentido, la distancia jerárquica, el *pathos* de la distancia jerárquica, y aun el *tshandala,* forman parte de esta perfección". Los hombres más espirituales, por ser los más fuertes, hallan su ventura, en lo que para otros significaría la ruina: en el laberinto, en la dureza consigo mismo y con los demás, en el ensayo; su goce es la victoria sobre sí mismo; en ellos, el ascetismo se torna en segunda naturaleza, necesidad íntimamente sentida e instinto. La tarea difícil se les antoja una prerrogativa y jugar con cargas bajo las cuales los demás se desplomarían, un *solaz...* El conocimiento es una modalidad del ascetismo. Los hombres más espirituales son el tipo humano más vulnerable, lo cual no obsta para que sean el más alegre y gentil. Señorean, no porque se lo propongan, sino porque *son;* les está vedado no ser los primeros. Los *segundos* son los guardianes del derecho, los que velan por el orden y la seguridad, los nobles guerreros, ante todo el propio *rey,* como fórmula suprema de guerrero, juez y campeón de la ley. Los segundos son los órganos ejecutivos de los más espirituales, lo más afines a ellos, aquello que en el nombre de ellos se hace cargo de todo lo pesado de las tareas de gobierno; su séquito, su brazo derecho, la flor de sus discípulos. En todo esto, repito, no hay ni pizca de arbitrariedad ni de artificio; lo que *difiere* es artificioso, supone una antinaturalidad... El régimen de castas, el *orden jerárquico,* simplemente formula la ley suprema de la vida misma; la diferenciación de los citados tres tipos es necesaria para el desenvolvimiento de la sociedad y el desarrollo de tipos superiores y supremos; la *desigualdad* de derechos, por otra parte, es la premisa de que haya derechos.

Un derecho es una prerrogativa. En su propio modo de ser cada cual posee su propia prerrogativa. No subestimemos las prerrogativas de los *mediocres.* Conforme aumenta la *altura,* la vida es cada vez más dura: va en aumento el frío, y la responsabilidad. Toda cultura elevada es una pirámide; necesita asentarse en una ancha base; su requisito primordial es una mediocridad fuerte y sanamente consolidada. El artesanado, el comercio, la agricultura, la *ciencia,* la mayor parte del arte, todo lo que se designa con la palabra "actividad profesional", exige un término medio en las aptitudes y los afanes; todo esto estaría fuera de lugar entre los hombres excepcionales, el correspondiente instinto sería incompatible tanto con el aristocratismo como con el anarquismo. El ser una utilidad pública, una rueda del engranaje, una función, es destino; *no* la sociedad, sino el tipo de *felicidad* accesible a los más hace de éstos máquinas inteligentes. Para el mediocre la mediocridad es una felicidad, y la maestría específica, la especialidad, un instinto natural. Sería absolutamente indigno del espíritu profundo considerar la mediocridad en sí como una objeción. Ella es la premisa capital de que pueda haber excepciones; toda cultura elevada está condicionada por ella. Si el hombre excepcional da precisamente a los mediocres un trato más considerado que a sí mismo y a sus congéneres, obra no sólo por cortesía y gentileza, sino en cumplimiento de su *deber*... ¿Quién me es más odioso entre la chusma de ahora?

La chusma socialista, los apóstoles de los *tshandalas* que socavan el instinto del trabajador, la satisfacción y conformidad del trabajador con su existencia estrecha; que inculcan en él la envidia y le predican la venganza... La injusticia nunca reside en la desigualdad de derechos, sino en la reivindicación de "*igualdad*" de derechos... ¿Qué es lo malo? Ya lo dije: todo lo que proviene de la debilidad, la envidia y la *venganza*. El anarquista y el cristiano tienen un mismo origen...

58

En efecto, no es lo mismo mentir para conservar que mentir para *destruir*. Trazando un paralelo entre el *cristiano* y el *anarquista,* puede verse que su propósito, su instinto está orientado exclusivamente hacia la destrucción. La prueba de esta tesis no hay más que leerla en el libro de la historia, donde la misma se hace patente con una claridad pavorosa. Si acabamos de conocer una legislación religiosa cuya finalidad suprema era perpetuar la premisa capital de la vida *próspera,* una gran organización de la sociedad, el cristianismo ha encontrado su misión en poner fin a tal organización *porque en ella prosperaba la vida.* Allí la cosecha de cordura, de larga experimentación e incertidumbre, debía ser recogida tan abundante e íntegramente como fuera posible y aprovechada al máximo; aquí, por el contrario, se *envenenó* la cosecha de la noche a la mañana... Lo que estaba *aere perennius,* el Imperio Romano, la más grandiosa organización que había existido jamás, en comparación con la cual todo lo anterior y todo lo posterior es chapucería y diletantismo, intentaron destruirla esos santos anarquistas con una empresa "pía"; intentaron destruir "el mundo", esto es, el Imperio Romano, hasta que todo quedara deshecho; hasta que incluso germanos y otros patanes pudieron dar cuenta de él... El cristiano y el anarquista son *décadents,* incapaces de hacer otra cosa que disolver, emponzoñar, depauperar, desvitalizar; uno y otro personifican el instinto del *odio mortal* a todo lo que existe grande y perdurable, henchido de promesas de porvenir... El cristianismo fue el vampiro del Imperio Romano; desbarató de la noche a la mañana la realización tremenda de los romanos : conquistar el terreno para una gran cultura que *tiene tiempo.* ¿No se comprende todavía lo que hay en todo esto? El Imperio Romano que conocemos; que la historia de la provincia romana nos enseña a conocer cada vez mejor; esta obra de arte más admirable del gran estilo era un comienzo, su construcción debía justificarse en términos de milenios; ¡jamás se ha construido así, ni siquiera soñado con construir así, *sub specie aeterni!* Esta organización era lo suficientemente sólida para resistir los malos emperadores; el azar de las personas no debe intervenir en cosas semejantes : principio capital de todos los grandes arquitectos. Pero no era lo suficientemente sólida para resistir la forma *más corrupta* de la corrupción, al *cristiano.* Estos furtivos gusanos que con sigilo y ambigüedad atacaban a todos los individuos y les chupaban la seriedad para las *verdaderas* cosas, el instinto de las *realidades,* estos seres cobardes, afeminados y dulzones enajenaron paso a paso las "almas" a esta construcción ingente; la enajenaron esos elementos valiosos, viriles y aristocráticos que en la causa de Roma sentían su propia causa, su propia seriedad y su propio *orgullo.* La gazmoñería beata, el sigilo de convento, conceptos sombríos como infierno, sacrificio del inocente, *unio mystica* en la ingestión de la sangre y, sobre todo, *la brasa* lentamente atizada de la venganza, de la venganza *tshandala—esto* fue lo que acabó con Roma—, el mismo tipo de religión que en su forma preexistente se había opuesto a Epicuro. Léase a Lucrecio para comprender qué era lo que combatió Epicuro: *no* al paganismo, sino al "cristianismo", es decir, la corrupción de las almas por los conceptos de culpa, castigo e inmortalidad. Combatió los cultos *clandestinos,* todo el cristianismo latente; negar la inmortalidad equivalía en aquel entonces a consumar una verdadera *redención.* Y Epicuro hubiera triunfado; todos los espíritus respetables del Imperio Romano eran epicúreos; entonces, de pronto, *apareció Pablo...* Pablo, el odio *tshandala* a Roma, al "mundo" hecho carne y genio; el judío; el judío eterno por excelencia... Adivinó que con ayuda del pequeño y sectario movimiento cristiano divorciado del judaísmo sería posible provocar una "conflagración"; que por el símbolo "Dios clavado en la Cruz" sería posible galvanizar todo lo subterráneo, furtivo y subversivo, todo el legado de manejos anarquistas dentro del Imperio, en un tremendo poder. "La salvación viene por los judíos". El cristianismo como fórmula para sobrepujar, y compendiar los cultos clandestinos de toda índole, los de Osiris, la Gran Madre, y de Mithras, por ejemplo: en esta comprensión radica el genio de Pablo. En esto la seguridad de su instinto era tal que haciendo implacable violencia a la verdad puso los conceptos con los que fascinaban esas religiones para *tshandalas* en boca, y no sólo en boca del "Salvador" de su propia invención; puesto que hizo de *él* algo que aun un sacerdote de Mithras era capaz de entender...

Tal fue su momento de Damasco: comprendió que *necesitaba* la creencia en la inmortalidad para desvalorizar "el mundo"; que el concepto "infierno" daría cuenta de Roma; que con el "más allá" *se mata* la vida... El nihilista y el cristiano marchan por el mismo camino...

## 59

Toda la labor del mundo antiguo quedó así *desbaratada;* no encuentro palabras que expresen cabalmente el sentimiento que me embarga ante tan tremendo acontecimiento. ¡Y como esta labor había sido preliminar (sólo se habían echado con granítico orgullo los cimientos para una labor de milenios), quedó desbaratado todo el *sentido* del mundo antiguo!... ¿Para qué los griegos?; ¿para qué los romanos? Ya se daban todas las premisas de una cultura erudita, todos los *métodos* científicos; ya estaba elaborado el sublime, el incomparable arte de bien leer; la premisa de una tradición de la cultura, de la unidad de la ciencia; las ciencias naturales, en alianza con las matemáticas y la mecánica, estaban óptimamente encaminadas; ¡el *sentido de la realidad fáctica,* este sentido último y más valioso, tenía sus escuelas y poseía una tradición multisecular! ¿Se comprende esto? Ya estaba encontrado todo lo esencial para ponerse a la tarea; los métodos —no me cansaré de recalcarlo—*son* lo esencial, también lo más arduo, asimismo lo que durante más tiempo tiene que enfrentar las costumbres e inercias. Lo que gracias a una penosísima victoria sobre nosotros mismos—que todos llevamos todavía en la sangre, de algún modo, los malos instintos, los cristianos—, hemos recuperado ahora; la mirada franca ante la realidad, la mano cautelosa, la paciencia y seriedad aun en el ínfimo pormenor, toda la *probidad* del conocimiento; ¡todo esto ya se dio!, ¡hace más de dos mil años ya! ¡Amén del tacto y gusto bueno, delicado! ¡*No* como adiestramiento cerebral! ¡*No* como ilustración "alemana" con modales de patán! Sino como cuerpo, ademán, instinto; en una palabra, como realidad... ¡*Todo en vano!* ¡Reducido de la noche a la mañana a un mero recuerdo! ¡Los griegos! ¡Los romanos! El aristocratismo del instinto, el buen gusto, la investigación metódica, el genio de la organización y la administración, la fe en el porvenir humano y la *voluntad* de realizarlo, el gran sí a todas las cosas; todo lo que era tangible para todos los sentidos, como Imperio Romano; el gran estilo ya no como mero arte, sino tornado en realidad, verdad, *vida*... ¡Y no barrido de golpe por algún cataclismo! ¡No aplastado por germanos y otros "torpípedos" por el estilo! ¡Sino echado a perder por medrosos, furtivos e invisibles vampiros ávidos de sangre! ¡No vencido, sino tan sólo desangrado!... ¡La venganza solapada, la envidia mezquina, erigida en ama! ¡Todo lo miserable, doliente y aquejado de malos sentimientos, todo el *ghetto* del alma, convertido *de golpe en norma y pauta!*... Basta leer a alguno de los agitadores cristianos, por ejemplo a San Agustín, para comprender, *oler,* qué suciedad se había logrado. Sería un craso error suponerles cortas luces a los jefes del movimiento cristiano; ¡oh, son muy inteligentes, dotados de una inteligencia que raya en santidad, esos padres de la Iglesia! Lo que les falta es otra cosa. La Naturaleza no ha sido generosa con ellos; les regateó un modesto acervo de instintos respetables, decentes, *limpios*... Entre nosotros, ni siquiera son hombres... Si el islamismo desprecia al cristiano, tiene mil veces derecho a tal actitud; pues el islamismo se basa en *hombres*...

60

El cristianismo desacreditó los frutos de la cultura antigua, y más tarde desacreditó también los frutos de la cultura islámica. La maravillosa cultura morisca en España, que en el fondo a nosotros nos es más afín, porque apela a *nuestro* espíritu y gusto en mayor grado que Roma y Grecia, fue aplastada (me callo por qué pies). ¿Por qué? ¡Porque reconocía como origen instintos aristocráticos, viriles; porque decía sí a la vida aun con todas las exquisiteces raras y refinadas de la vida mora!... Los cruzados lucharon más tarde contra algo que debían haber adorado: contra una cultura frente a la cual hasta nuestro siglo XIX será una cosa muy pobre, muy "tardía". Claro que ansiaban botín; el Oriente era rico... ¡Seamos bastante sinceros para admitir que las cruzadas no fueron más que una piratería superior! La nobleza alemana, una nobleza viking, en definitiva, estaba entonces en su elemento; la Iglesia sabía muy bien en virtud de qué se tiene nobleza alemana... Los nobles alemanes siempre han sido los "suizos" de la Iglesia, siempre han estado al servicio de todos los malos instintos de la Iglesia, pero *bien remunerados*... ¡Por eso, con ayuda de espadas alemanas, sangre y valentía alemanas, la Iglesia ha librado su guerra sin cuartel a todo lo aristocrático de la tierra! He aquí un punto que plantea no pocos interrogantes dolorosos. La nobleza alemana está poco menos que *ausente* en la historia de la cultura superior; se adivina la razón de que sea así... El cristianismo y el alcohol; los dos *grandes* medios de la corrupción... En sí no puede haber dudas sobre el partido que tomar, ni ante islamismo y cristianismo, ni menos ante árabe y judío. La cosa está decidida; nadie está aquí en libertad de elegir. O se es un *tshandala* o *no* se es un *tshandala*... "¡Guerra sin cuartel a Roma! ¡Paz y amistad con el islamismo!" Así sintió y *obró* Federico II, ese gran librepensador, el genio de los emperadores alemanes. ¿Cómo?, ¿es que un alemán ha de ser genio, librepensador, para sentir de una manera *decente?* No comprendo que jamás alemán alguno haya sido capaz de sentir de una manera *cristiana*...

## 61

En este punto es preciso actualizar un recuerdo cien veces aún más penoso para los alemanes. Los alemanes han defraudado a Europa con la última grande cosecha cultural que se le brindaba, la del Renacimiento. ¿Se comprende, se está dispuesto a comprender, por fin, qué cosa fue el Renacimiento? *Fue la transmutación de los valores cristianos,* la tentativa, emprendida por todos los medios, apelando a todos los instintos, a todo el genio, de llevar a su plenitud los valores *contrarios,* los valores *aristocráticos...* No ha habido hasta ahora más que *esta* gran guerra; no ha habido planteo más decisivo que el del Renacimiento; *mi* cuestión es la de él. ¡No ha habido tampoco ataque más directo, lanzado más estrictamente en toda la línea y apuntado al mismo centro! Atacar en el punto decisivo, en la propia sede del cristianismo, y entronizar en ella los valores *aristocráticos,* esto es, injertarlos en los instintos, en las más soterradas necesidades y apetencias de sus ocupantes... Percibo una *posibilidad* henchida de inefable encanto y sugestión: dijérase que rutila con todos los estremecimientos de refinada belleza; que opera en ella un arte tan divino, tan diabólicamente divino, que en vano se recorren milenios en busca de otra posibilidad semejante. Percibo un espectáculo tan pleno de significación a la vez que maravillosamente paradojal, que todas las divinidades del Olimpo hubieran tenido un motivo para prorrumpir en una risa inmortal: *Cesare Borgia como papa...* ¿Se me comprende?... Pues éste hubiera sido el triunfo por mí ansiado: ¡así hubiera quedado *abolido* el cristianismo! ¿Qué ocurrió? Un monje alemán llamado Lutero vino a Roma. Este monje, aquejado de todos los instintos rencorosos del sacerdote fallido, se sublevó en Roma contra el Renacimiento... En lugar de comprender, embargado por la más profunda gratitud, lo tremendo que había ocurrido: la superación del cristianismo en su propia sede, sólo supo extraer de este espectáculo alimento para su odio. El hombre religioso sólo piensa en sí mismo. Lutero denunció la *corrupción* del papado, cuando era harto evidente lo contrario, o sea, que la antigua corrupción, el pecado original, el cristianismo, ya no ocupaba el solio pontificio. ¡Sino la vida!; ¡el triunfo de la vida!; ¡el magno sí a todas las cosas sublimes, hermosas y audaces!... Y Lutero *restauró* la Iglesia, atacándola... ¡El Renacimiento, un acontecimiento sin sentido, un esfuerzo fallido! ¡Lo que nos han costado esos alemanes en el transcurso de los siglos! En vano; puesto que tal ha sido siempre la obra de los alemanes. La Reforma, Leibniz, Kant y la llamada filosofía alemana, las guerras de "liberación", el Reich, cada vez más inútil para algo ya existente, para algo *irrecuperable*... Confieso que esos alemanes son *mis* enemigos; desprecio en ellos la falta de limpieza conceptual y valorativa, la *cobardía* ante todo honesto sí y no. Desde hace casi un milenio han enredado y embrollado todo lo que tocaron; tienen sobre la conciencia todas las cosas a medio hacer. ¡Y ni a medio hacer!, de que está aquejada Europa; tienen sobre la conciencia también, la forma más sucia, más incurable, más irrefutable del cristianismo que existe: el protestantismo... Si no se logra acabar con el cristianismo, los *alemanes* tendrán la culpa...

## 62

He llegado al final y pronuncio mi veredicto. *Declaro culpable* al cristianismo, formulo contra la Iglesia cristiana la acusación más terrible que ha sido formulada jamás por acusador alguno. Se me aparece como la corrupción más grande que pueda concebirse; ha optado por la máxima corrupción posible. La Iglesia cristiana ha contagiado su corrupción a todas las cosas; ha hecho de todo valor un sinvalor, de toda verdad una mentira y de toda probidad una falsía de alma. ¡Como para hablarme de sus beneficios "humanitarios"! *Abolir* un apremio, cualquiera que fuese, era necesario a su más fundamental conveniencia; vivía ella de apremios; *creaba* ella apremios para perpetuarse... ¡Con el gusano roedor del pecado, por ejemplo, la Iglesia ha obsesionado a la humanidad! La "igualdad de las almas ante Dios", esa patraña, este *pretexto* para las *rancunes* de todos los hombres de mentalidad vil, este concepto-explosivo que por último se ha traducido en revolución, idea moderna, y principio de decadencia de todo el orden social, es simplemente dinamita *cristiana*... ¡Beneficios "humanitarios" del cristianismo! ¡Se ha desarrollado de la *humanitas* una contradicción intrínseca, un arte de la autoviolación, una voluntad de mentira a cualquier precio, una aversión y desprecio hacia todos los instintos buenos y decentes! ¡Vaya unos beneficios del cristianismo!

El parasitismo es la práctica exclusiva de la Iglesia; con su ideal de anemia, de "santidad", chupa toda sangre, todo amor, toda esperanza en la vida; el más allá como voluntad de negación de toda realidad; la cruz como signo de la conspiración más solapada que se ha dado jamás, contra la salud, la belleza, la plenitud, la valentía, el espíritu y la *bondad* del alma; *contra la misma vida*...

Esta acusación eterna contra el cristianismo la quiero escribir en todas las paredes; yo tengo un alfabeto aun para los ciegos... Llamo al cristiano *la* gran maldición, *la* gran corrupción soterrada, *el* gran instinto de la venganza para el cual ningún medio es bastante pérfido, furtivo, subrepticio y *mezquino; le llamo,* en resumen, *el* borrón inmortal de la humanidad.

¡Y eso que he tomado como punto de partida de la cronología el *dies nefastus* en que comenzó esta fatalidad, el *primer* día del cristianismo!, *como punto de partida el último, ¿el de hoy?* ¡La transmutación de todos los valores!...

FIN DE

"E L   A N T I C R I S T O"

# CÓMO SE FILOSOFA A MARTILLAZOS

## PREFACIO

CONSERVAR en los problemas sombríos y de abrumadora responsabilidad la alegría serena, es cosa harto difícil, y, sin embargo, ¿hay algo más necesario que la alegría serena? Nada sale bien si no participa en ello la alegre travesura. Sólo el exceso de fuerza es la prueba de fuerza. Una transmutación de todos los valores, *interrogante negro y tremendo que proyecta sombras sobre quien lo plantea, obliga a cada instante a buscar el sol y sacudir una seriedad pesada, una seriedad que se ha vuelto demasiado pesada. Para este fin, bienvenidos sean todos los medios; cada caso es un caso de buena suerte. Sobre todo, la gue*rra. *La guerra siempre ha sido la grande cordura de todos los espíritus que se han vuelto demasiado íntimos y profundos; hasta en la herida hay virtud curativa. Desde hace tiempo la siguiente máxima, cuyo origen escamoteo a la curiosidad erudita, ha sido mi divisa:*

increscunt animi, virescit volnere virtus.

*Otro solaz, que bajo ciertas circunstancias me es aún más grato, consiste en* tantear *ídolos... Existen en el mundo más ídolos que realidades; tal es mi* "*mal de ojo*" respecto a este mundo, como también mi "*mal de oído*"... Interrogar con el martillo y oír acaso como respuesta ese famoso sonido hueco que dice de intestinos aquejados de flatosidad, ¡qué deleite supone para uno que tiene oídos aún detrás de los oídos!; para mí, avezado sicólogo y seductor ante el que precisamente lo que quisiera permanecer calladito tiene que hacerse oír...

*También este escrito—como lo revela el título—es ante todo solaz, rincón soleado, escapada a la sociedad, de un sicólogo. ¿Acaso también una nueva guerra? ¿Se tantean nuevos ídolos?... Este pequeño escrito es una* gran declaración de guerra; *y en cuanto al tanteo de ídolos, esta vez no son ídolos de la época, sino ídolos eternos los que aquí se tocan con el martillo como con el diapasón; no existen ídolos más antiguos, más convencidos, más inflados... ni más huecos... Lo cual no impide que sean* los más creídos. *Por otra parte, sobre todo en el caso más distinguido, no se los designa en absoluto con el nombre de ídolo...*

*Turín, 30 de septiembre de 1888,*
*día en que quedó concluido el libro*
*primero de la* Transmutación de todos
los valores.

FRIEDRICH NIETZSCHE

## SENTENCIAS

### 1

La ociosidad es la madre de toda sicología. ¿Cómo?; ¿será la sicología un vicio?

### 2

Ni el más valiente de nosotros tiene rara vez la valentía de admitir lo que en definitiva *sabe...*

### 3

Dice Aristóteles que para vivir en soledad hay que ser animal o dios. Falta aclarar que hay que ser lo uno y lo otro: *filósofo.*

### 4

"Toda verdad es siemple:" ¿No será esto una doble mentira?

### 5

Son muchas las cosas que no quiero saber. La sabiduría fija límites también al conocimiento.

## 6

En su naturaleza salvaje es donde uno se repone más eficazmente de su antinaturalidad, su espiritualidad...

## 7

¿Es posible que el hombre sea tan sólo un yerro de Dios? ¿O Dios tan sólo un yerro del hombre?

## 8

*De la escuela de guerra de la vida.* Lo que no me aniquila me vuelve más fuerte.

## 9

Ayúdate a ti mismo, y te ayudará todo el mundo. Principio del amor al prójimo.

## 10

¡No se debe ser cobarde ante los propios actos!; ¡no se los debe desestimar *a posteriori!* El remordimiento es indecente.

## 11

¿Puede darse un *burro* trágico? ¿Puede admitirse el caso de alguien que sucumbe bajo una carga que no puede llevar ni arrojar?... He aquí el caso del filósofo.

## 12

Quien tiene su *¿por qué?* de la vida se las arregla poco más o menos con cualquier *¿cómo?* El hombre *no* aspira a la felicidad; a no ser los ingleses.

### 13

El hombre ha creado a la mujer. ¿Con qué? ¡Con una costilla de su Dios, de su "ideal"!

### 14

¿Qué estás buscando? ¿Quisieras decuplicarte, centuplicarte? ¿Andas buscando adeptos? ¡Pues busca *ceros!*

### 15

—Los hombres póstumos—como yo—, son entendidos peor que los actuales, pero *atendidos mejor.* Más estrictamente: no se nos entiende jamás; *de ahí* nuestra autoridad...

### 16

*Entre mujeres.*—"¿La verdad? ¡Oh, usted no la conoce! ¿No es un atentado contra todos nuestros pudores?"

### 17

He aquí un artista como me gustan los artistas, de necesidades modestas; en el fondo, sólo quiere dos cosas: su sustento y su arte, *panem et circenses...*

### 18

Quien no sabe introducir su voluntad en las cosas introduce en ellas, al menos, un *sentido:* creyendo que hay en ellas una voluntad (principio de la "fe").

### 19

¿Cómo es posible que habiendo optado por la virtud y el sentimiento sublime envidiéis las ventajas de los inescrupulosos? Quien opta por la virtud renuncia a las "ventajas"... (Tomen buena nota de ello los antisemitas.)

## 20

La mujer cabal hace literatura como quien comete un desliz: a título de ensayo, de paso, mirando en torno por si la ve alguien y para que alguien la vea...

## 21

Hay que ir a la busca de situaciones donde no sea permitido tener virtudes ficticias, en las que uno, como el bailarín en la cuerda, se precipite o se sostenga; o se salve...

## 22

*"Los hombres malos no tienen canciones".*—¿Cómo es que los rusos tienen canciones?

## 23

"Espíritu alemán": desde hace dieciocho años una *contradictio in adjecto.*

## 24

Buscando los principios, uno se convierte en un cangrejo. El historiador, de tanto mirar hacia atrás, termina por *creer* también hacia atrás.

## 25

El contento protege hasta contra el catarro. ¿Se ha acatarrado jamás mujer que se considerase bien vestida? Ni aun suponiendo que fuera precariamente vestida.

## 26

Desconfío de todos los sistemáticos, e incluso los evito. La voluntad de sistema es una falta de probidad.

## 27

¿Por qué pasa la mujer por profunda? Porque en ella nunca se llega a tocar fondo. La mujer no es ni siquiera de poco fondo.

## 28

La mujer que posee virtudes viriles es para escaparse; la que no las posee, se escapa ella misma.

## 29

"¡Hay que ver las cosas que antes tenía que morder la conciencia! ¡Qué buena dentadura tenía! ¿Y hoy día?; ¿qué es lo que falta ahora?" (Pregunta de un dentista.)

## 30

Rara vez se incurre en una sola precipitación. Quien se precipita siempre se precipita demasiado. De ahí que en general se incurra en una segunda; y entonces, se precipita demasiado poco...

## 31

El gusano pisado se retuerce y dobla. Cosa que le conviene, pues reduce la probabilidad de ser pisado otra vez. Dicho en el lenguaje de la moral: *humildad*.

## 32

Hay un odio a la mentira y a la hipocresía por puntillosidad; hay idéntico odio por cobardía, en tanto que la mentira está *prohibida* por precepto divino. Demasiado cobarde como para mentir...

## 33

¡Cuán poco se requiere para ser feliz! El sonido de una gaita. Sin música, la vida sería un error. El alemán se imagina incluso a Dios cantando canciones.

## 34

*On ne peut penser et écrire qu'assis* (Flaubert). ¡Ah, nihilista! El trasero es precisamente el pecado *contra* el espíritu santo. Sólo tienen valor los pensamientos pensados *en camino*.

## 35

Hay momentos en que los sicólogos parecemos caballos espantados: cuando vemos fluctuar ante nosotros nuestra propia sombra. El sicólogo, para ver, debe apartar la vista de sí mismo.

## 36

Los inmoralistas, ¿hacemos algún *daño* a la virtud? Creo que no, del mismo modo que los anarquistas no hacen daño a los príncipes. Solamente desde que se dispara contra ellos, se sienten más firmemente instalados en sus tronos. Moraleja: *hay que disparar contra la moral*.

## 37

¿Corres *delante?* ¿Lo haces como guía, como excepción? También podría tratarse de un escapado... *Primera cuestión de conciencia*.

## 38

¿Eres auténtico, o tan sólo un comediante? ¿Eres un representante, o algo representado? Acaso no eres, en definitiva, más que un comediante imitado... *Segunda* cuestión de conciencia.

## 39

*Habla el desengañado.*—Busqué grandes hombres, pero siempre encontré, únicamente, lacayos de su ideal.

## 40

¿Perteneces a los que miran hacer a los otros? ¿Eres uno que coopera? ¿O eres uno que aparta la mirada, apartándose?... *Tercera* cuestión de conciencia.

## 41

¿Quieres acompañar? ¿Marchar adelante? ¿O apartarte?... Hay que saber lo que se quiere y *qué* se quiere. *Cuarta* cuestión de conciencia.

## 42

Esos escalones eran para mí; los he subido. Para hacerlo tuve que pasar por ellos. Pero muchos creyeron que yo iba a sentarme en los mismos a descansar...

## 43

¡Qué importa que yo tenga razón! *Tengo* sobrada razón. Y quien ríe más, es el que ríe el último.

## 44

La fórmula de mi felicidad: un sí, un no, una recta, una *meta*...

# EL PROBLEMA DE SÓCRATES

## 1

En todos los tiempos, los más sabios han coincidido en este juicio acerca de la vida: *no vale nada*. Una y otra vez se les ha oído el mismo acento: un acento de duda, de melancolía, de cansancio de la vida, de resistencia a ella. Hasta Sócrates dijo al morir: "La vida es una larga enfermedad; debo un gallo al salvador Asclepio". Hasta Sócrates estaba harto de vivir.

¿Qué prueba esto? ¿Qué sugiere esto? En tiempos pasados se hubiera dicho (¡y se lo ha dicho, y en voz muy alta, entre nuestros pesimistas señaladamente!): "¡debe haber en esto alguna verdad! El *consensus sapientium* prueba la verdad".

¿Hablamos hoy todavía así? ¿Nos es *permitido* hablar todavía así? Nosotros respondemos: "debe haber en esto alguna enfermedad"; ¡a esos sabios de todos los tiempos se los debiera ante todo mirar de cerca! ¿Serían todos ellos un tanto maduritos?, ¿tardíos?, ¿ajados?, ¿*decadents*? ¿Presentaríase la sabiduría sobre la tierra bajo forma de cuervo entusiasmado con un tufillo de carroña?...

## 2

Esta noción irreverente de que los grandes sabios son *tipos de la decadencia,* se me ocurrió precisamente en el caso en que más violentamente choca con el prejuicio erudito y profano: Sócrates y Platón se me revelaron como síntomas de decadencia, como instrumentos de la desintegración griega, como pseudogriegos, antigriegos *(El origen de la tragedia,* 1872). Comprendí cada vez más claramente que ese *consensus sapientium* lo que menos prueba es que estaban en lo cierto con aquello en que coincidían; que prueba, eso sí, que tales sabios debían coincidir en algo *fisiológicamente,* para adoptar así, por fuerza, una idéntica actitud negativa ante la vida. En último análisis, los juicios, de valor sobre la vida, en pro o en contra, jamás pudieron ser ciertos; sólo tienen valor como síntomas, sólo entran en consideración como síntomas. Tales juicios son en sí estúpidos. Es absolutamente preciso hacer una tentativa de aprehender esta asombrosa *finesse* de que *el valor de la vida no puede ser apreciado.* Ni por los vivos, toda vez que son parte, y aun objeto de litigio, y no jueces; ni por los muertos, por una razón diferente. El que un filósofo vea el *valor* de la vida como problema, se convierte en una objeción contra él, en un interrogante a su sabiduría, en una falta de sabiduría. ¿Cómo? Todos esos grandes sabios ¿no solamente han sido *décadents,* sino que ni siquiera han sido sabios? Mas vuelvo al problema de Sócrates.

3

Sócrates, por su origen, pertenece al más bajo pueblo: Sócrates fue un plebeyo. Se sabe, puede observarse, cuán feo fue. Mas la fealdad, de suyo una objeción, entre los griegos es poco menos que una refutación. ¿Fue Sócrates de veras un griego? La fealdad es con harta frecuencia la expresión de una evolución trabada, *inhibida* por cruce de razas. O si no, aparece como evolución *descendente.* Los criminalistas antropólogos nos dicen que el delincuente típico es feo: *monstrum in fronte, monstrum in animo.* Mas el delincuente es un *décadent*. ¿Sería Sócrates un delincuente típico? Ciertamente no desmentiría esta hipótesis ese famoso dictamen de un fisónomo que tanto escandalizó a los amigos de Sócrates. Un forastero entendido en fisonomías, de paso en Atenas, le dijo en la cara a Sócrates que era un *monstrum*, que llevaba en sí todos los malos vicios y apetitos. Y Sócrates se limitó a contestar: "¡Usted me conoce, señor!"

## 4

Que Sócrates fue un *décadent* lo sugiere no sólo el admitido desenfreno y anarquía de sus instintos, sino también la superfetación de lo lógico y esa *malicia de raquítico* que lo caracteriza. No pasemos por alto tampoco esas alucinaciones auditivas que como "demonios de Sócrates" han sido interpretadas en un sentido religioso. Todo en él es exageración, *buffo*, caricatura; todo en él es al mismo tiempo oculto, solapado, furtivo. Trato de comprender la idiosincrasia de la que deriva esa ecuación socrática: razón igual a virtud igual a felicidad; es la ecuación más bizarra que pueda darse y que en particular está reñida con todos los instintos de los primitivos helenos.

## 5

Con Sócrates, el gusto griego experimenta un vuelco en favor de la dialéctica; ¿qué significa esto, en definitiva? Significa, sobre todo, la derrota de un gusto aristocrático; con la dialéctica triunfa la plebe. Antes de Sócrates, la buena sociedad repudiaba las maneras dialécticas; éstas eran tenidas por malos modales y comprometían. Se prevenía contra ellas a la juventud. También se desconfiaba respecto a la forma de argumentar. Las cosas decentes, como las personas decentes, no llevan sus razones de esta manera en la mano. No es decoroso mostrar los cinco dedos. Lo que necesita ser probado, poco vale. Donde la autoridad forma todavía parte de las buenas costumbres y no se argumenta, sino se ordena, el dialéctico es una especie de payaso; la gente se ríe de él, no lo toma en serio. Sócrates fue el payaso que *se hizo tomar en serio*. ¿Qué significa esto, en definitiva?

## 6

Sólo opta por la dialéctica quien no dispone de otro recurso. Sábese que ella despierta suspicacia; que tiene escaso poder de convicción. Nada hay tan fácil de borrar como el efecto de un dialéctico, según lo prueba la experiencia de cualquier reunión donde se habla. La dialéctica no puede ser más que un *recurso* de emergencia, en manos de personas que ya no poseen otras armas. Sólo quien tiene que *imponer* su derecho hace uso de ella. De ahí que los judíos fueran dialécticos, y lo fue el zorro de la fábula. Entonces, ¿lo sería también Sócrates?

## 7

¿Sería la ironía de Sócrates una expresión de rebeldía, de resentimiento plebeyo? ¿Goza él acaso, como oprimido, con la ferocidad propia de las cuchilladas del silogismo? ¿Se *venga* de las clases aristocráticas que fascina? Como dialéctico, uno maneja un instrumento implacable; con él puede dárselas de tirano; triunfando compromete. El dialéctico lleva a su contrincante a una situación donde le corresponde probar que no es un idiota; enfurece y reduce a la impotencia a un tiempo. *Despotencia* el dialéctico intelectualmente a su contrincante. ¿Será entonces la dialéctica de Sócrates una forma de la *venganza?*

### 8

Dado a entender cómo Sócrates provocaba repulsión, es necesario explicar cómo fascinaba. Una de las causas de su atracción fue el hecho de descubrir una modalidad nueva de *agon* (1), convirtiéndose en el primer maestro de esgrima de los círculos aristocráticos de Atenas. Fascinaba porque apelaba al impulso agonal de los helenos, introduciendo una variante en la lucha entre jóvenes y adolescentes. Fue Sócrates también un gran *erótico.*

### 9

Mas Sócrates adivinó aún más. Penetró hasta los trasfondos de sus atenienses aristocráticos y comprendió que su propio caso, su personal caso, ya no era un caso excepcional. En todas partes se iniciaba la misma forma de degeneración; declinaba la antigua Atenas. Y Sócrates se percató de que todo el mundo tenía *necesidad* de él; de su medio, su cura, su truco personal de la conservación... Por doquier estaban en anarquía los instintos; por doquier se estaba a dos pasos del exceso; el *monstrum in animo* era el peligro general. "Los instintos quieren dárselas de tirano; hay que inventar un contratirano que sea más fuerte que ellos..." Cuando aquel fisónomo reveló a Sócrates que era un foco de todos los malos apetitos, el gran ironista pronunció palabras que proporcionan la clave de su ser. "Es cierto—dijo—; pero logro dominarlos todos." ¿Cómo logró Sócrates el dominio de sí mismo? Era el suyo, en definitiva, tan sólo el caso extremo, más pa-

_____

(1) Combate o justa de ejercicios corporales e intelectuales muy practicado por los griegos.

tente, de lo que por entonces empezaba a ser el apremio general: que nadie lograba ya dominarse y los instintos se volvían unos contra otros. Fascinaba por su calidad de caso extremo; su fealdad aterradora atraía todas las miradas; fascinaba, como es natural, en mayor grado aún como respuesta, solución, *cura* aparente de este caso.

## 10

Si se está en la necesidad de hacer de la razón un tirano, como ocurrió en el caso de Sócrates, existe, por supuesto, un grave peligro de que otra cosa quiera ser tirana. En aquel entonces se adivinaba la racionalidad como *salvadora;* ni Sócrates ni sus "enfermos" estaban en libertad de ser o no racionales; la racionalidad era para ellos su *último* recurso. El fanatismo con que a la sazón todo el pensamiento griego se abalanzaba sobre ella revelaba un apremio; se estaba en peligro, colocado ante la alternativa de sucumbir o ser *absurdamente racional*... El moralismo de los filósofos griegos a partir de Platón está patológicamente determinado, lo mismo que su culto de la dialéctica. Razón igual a virtud igual a felicidad quiere decir simplemente: hay que imitar el ejemplo de Sócrates y establecer frente a los apetitos tenebrosos una claridad permanente: la claridad de la razón. Hay que ser cuerdo, claro, lúcido a toda costa; toda transigencia con los instintos, con lo inconsciente, *hunde*...

## 11

He dado a entender por qué fascinaba Sócrates: parecía un médico, un salvador. ¿Es necesario señalar el error de su fe en la "racionalidad a toda costa"? Los filósofos y moralistas se engañaban a sí mismos al

129

creer que así se emancipan de la *décadence* y la combaten. No está en su poder emanciparse de ella; lo que eligen como recurso, como medida salvadora, sólo es, a su vez, una expresión de la *décadence; modifican* la expresión de la misma, pero no la eliminan. Sócrates fue un malentendido; *toda la moral correctiva, la cristiana inclusive,* ha sido un malentendido. La claridad más extrema, la racionalidad a ultranza, la vida clara, fría, cautelosa, consciente, carente de instinto, en oposición a los instintos, era a su vez una enfermedad, una diferente, en modo alguno un retorno a la "virtud", a la "salud", a la felicidad... Estar en la *necesidad* de combatir los instintos: he aquí la fórmula de la *décadence; mientras ascienda* la vida, la felicidad se identifica con el instinto.

¿Comprendería esto él mismo, el más listo de todos los que han practicado jamás el engaño de sí mismo? ¿Se lo confesaría, por último, en la *sabiduría* del valor con que enfrentó la muerte?... Sócrates *quería* morir: no fue Atenas, sino él mismo quien se condenó a beber la cicuta; obligó a Atenas a condenarlo a bebérsela... "Sócrates no es un médico—murmuró para sus adentros—; únicamente la muerte es un médico... Sócrates mismo sólo ha estado enfermo durante largo tiempo..."

## LA "RAZÓN" DE LA FILOSOFÍA

### 1

¿Me preguntan ustedes cuáles son los distintos rasgos que caracterizan a los filósofos...? Por ejemplo, su falta de sentido histórico, su odio a la misma noción del devenir, su mentalidad egipcíaca. Creen honrar una cosa si la desprenden de sus conexiones históricas, *sub specie aeterni;* si la dejan hecha una momia. Todo cuanto los filósofos han venido manipulando desde hace milenios eran momias conceptuales; ninguna realidad salía viva de sus manos. Matan y disecan esos idólatras de los conceptos cuanto adoran; constituyen un peligro mortal para todo lo adorado. La muerte, la mudanza y la vejez, no menos que la reproducción y el crecimiento, son para ellos objeciones y aun refutaciones. Lo que *es,* no *deviene;* lo que deviene, no *es...* Pues bien, todos ellos creen, incluso con desesperación, en el Ser. Mas como no lo aprehenden, buscan razones que expliquen por qué les es escamoteado. "El que no percibamos el Ser debe obedecer a una ficción, a un engaño; ¿dónde está el engañador?" "¡Ya hemos dado con él!", exclaman contentos. "¡Es la sensualidad! Los sentidos, *que también, por lo demás, son tan inmorales,* nos engañan sobre el mundo *verdadero.* Moraleja: hay que emanciparse del engaño de los sentidos, del devenir, de la historia, de la mentira; la historia no es más que fe en los sentidos, en la mentira. Moraleja: hay que decir no a todo cuanto da crédito a los sentidos, a toda la restante humanidad; todo esto es "vulgo". ¡Hay que ser filósofo, momia; representar el monótono-teísmo con una mímica de sepulturero! ¡Y repudiar, sobre todo, el cuerpo, esa deplorable idea fija de los sentidos! ¡Plagado de todas las faltas de la lógica, refutado; más aún: imposible, aunque tenga la osadía de pretender ser una cosa real!..."

## 2

Exceptúo con profunda veneración el nombre de *Heráclito.* En tanto que los demás filósofos rechazaban el testimonio de los sentidos porque éstos mostraban multiplicidad y mudanza, él rechazó su testimonio porque mostraban las cosas dotadas de los atributos de la duración y la unidad. También Heráclito fue injusto con los sentidos. Éstos no mienten, ni como creyeron los eleáticos ni como creyó él; no mienten, sencillamente. Lo que *hacemos* de su testimonio es obra de la mentira, por ejemplo la de la unidad, la de la objetividad, la de la sustancia, la de la duración... La "razón" es la causa de que falseemos el testimonio de los sentidos. Éstos, en tanto que muestran el nacer y perecer, la mudanza, no mienten... Mas Heráclito siempre tendrá razón con su aserto de que el Ser es una vana ficción. El mundo "aparencial" es el único que existe; el "mundo verdadero", es *pura invención...*

3

¡Y qué finos instrumentos de observación son nuestros sentidos! El olfato, por ejemplo, del que ningún filósofo ha hablado con veneración y gratitud, es hoy por hoy el instrumento más sensible de que disponemos, siendo capaz de captar incluso diferencias mínimas de movimiento que ni aun el espectroscopio registra. Poseemos hoy ciencia exactamente en la medida en que nos hemos decidido a *aceptar* el testimonio de los sentidos; en que hemos aprendido a aguzarlos aún más, armarlos, llevarlos a sus últimas consecuencias. Todo lo demás es chapucería y seudociencia, quiere decir, metafísica, teología, sicología, teoría del conocimiento, o bien ciencia formal, ciencia de los signos, como la lógica y las matemáticas, esa lógica aplicada. Ellas no tratan de la realidad, ni siquiera como problema; tampoco de la cuestión del valor, de tal convencionalismo de signos, como es la lógica.

4

La *otra* condición de los filósofos no es menos peligrosa; consiste en confundir lo último con lo primero. Sitúan lo que se presenta al final, ¡desgraciadamente, pues no debiera presentarse!, los "conceptos más elevados", esto es, los más generales, los más vacíos, el último humo de la realidad que se evapora, en el comienzo, *como* comienzo. Se expresa una vez más su manera de venerar: según ellos, lo elevado no *debe* desprenderse de lo bajo, no *debe* desarrollarse, en fin... Moraleja: todo cuanto es de primer orden ha de ser *causa sui*. El origen extrínseco se considera una objeción, algo que pone en tela de juicio el valor. Todos los más altos valores son de primer orden; todos los conceptos más elevados, el Ser, el absoluto, el bien, lo verdadero, lo perfecto; todo esto no puede ser algo posible y, por ende, *debe* ser *causa sui*. Mas todo esto tampoco puede ser desigual entre sí, estar en contradicción consigo mismo... Así llegan a su estupendo concepto "Dios"... Lo último, lo más abstracto y huero es establecido como lo primero, como causa en sí, como *ens realissimum*... ¡Por qué la humanidad habrá tomado tan en serio las afecciones cerebrales de sutiles enfermos! ¡Bien caro lo pagó!...

5

Puntualicemos al fin la manera opuesta en que nosotros (digo "nosotros" por cortesía...) enfocamos el problema del error y de la apariencia. Antes se tenían la mudanza, el cambio, el devenir, en fin, por una prueba de la apariencia, por un indicio de que existe algo que nos engaña. Hoy día, a la inversa, exactamente en la medida en que el prejuicio de la razón nos obliga a suponer unidad, identidad, duración, sustancia, causa, objetividad y Ser, nos vemos enredados, en cierto modo, en el error, *condenados* a incurrir en error; por más que en virtud de una recapacitación profunda estemos seguros de que aquí reside, en efecto, el error. Ocurre con esto lo que con los movimientos del gran astro: respecto a éstos el error está respaldado continuamente por nuestra vista; en el caso que nos ocupa, por nuestro *lenguaje*. La génesis del lenguaje cae en los tiempos de la forma más rudimentaria de la sicología; la dilucidación de las premisas básicas de la metafísica del lenguaje, esto es, de la *razón,* nos revela un tosco fetichismo. Se reduce todo el acaecer a agentes y actos; se cree en la voluntad como causa, en el "yo", en el yo como Ser, en el yo como sustancia, y se *proyecta* la creencia en el yo-sustancia sobre todas las cosas, *creando* en virtud de esta proyección el concepto "cosa"... El Ser es pensado, inventado, *introducido* siempre como causa; del concepto "yo" se sigue como concepto derivado el del "Ser"... En el principio es la grande fatalidad de error según el cual la voluntad es una instancia *eficiente,* una *facultad*... Hoy sabemos que es una mera palabra... Mucho más tarde, en un mundo mil veces más esclarecido, los filósofos tuvieron con sorpresa conciencia de la *seguridad,* la *certeza* subjetiva en el manejo de las categorías de la razón y dedujeron que éstas no podían derivar de la empiria, puesto que la empiria las desmentía. *¿Dónde ha de buscarse, pues, su* origen? Y tanto en la India como en Grecia se llegó a la misma conclusión errónea: "Debemos haber vivido alguna vez en otro mundo superior (¡en vez de *en otro muy inferior,* como hubiera sido más justo!); ¡debemos haber sido divinos, puesto que tenemos la razón!..." En efecto, nada ha tenido un poder de convicción tan ingenuo como la noción errónea del Ser, tal como la han formulado los eleáticos; ¡como que parece corroborarla cada palabra, cada frase que pronunciamos! Incluso los adversarios de los eleáticos sucumbían a la seducción de su concepto del Ser. Ése fue el caso de Demócrito al inventar su *átomo*... La "razón" en el lenguaje: ¡oh, qué mujer tan vieja y engañosa! Temo que no nos libremos de Dios, por creer todavía en la gramática...

Se me agradecerá el resumir tan esencial, tan nueva concepción, en cuatro tesis, que servirán para facilitar la comprensión y provocar la objeción.

*Primera tesis.* Los argumentos en base a los cuales se ha calificado "este" mundo de aparencial, fundamentan, por el contrario, la realidad del mismo; es de todo punto imposible demostrar *otro* tipo de realidad.

*Segunda tesis.* Las características que se han asignado al "verdadero Ser" de las cosas son las características del No Ser, de la *nada;* se ha construido el "mundo verdadero" en contraposición al mundo real, y es en realidad un mundo aparencial, en tanto que mera ilusión *óptica-moral.*

*Tercera tesis.* Hablar de "*otro*" mundo distinto de éste no tiene sentido, a menos que opere en nosotros un instinto de detracción, rebajamiento y acusación de la vida; en este último caso, nos *vengamos* de la vida por la fantasmagoría de "otra", "mejor" vida.

*Cuarta tesis.* Separa el mundo en uno "verdadero" y otro "aparencial", ya al modo del cristianismo o al modo de Kant (quien fue, en definitiva, un cristiano *pérfido),* no es sino una sugestión de la *décadence;* un síntoma de vida *descendente*... El que el artista ponga la apariencia por encima de la realidad no es una objeción contra esta tesis. Pues en este caso "la apariencia" significa la realidad *otra vez,* sólo que a través de selección, exaltación y corrección... El artista trágico *no* es un pesimista; precisamente dice sí a todo lo problemático y pavoroso: es *dionisíaco*...

## CÓMO EL "MUNDO VERDADERO" SE CONVIRTIÓ EN UNA FÁBULA

### *Historia de un error*

1. El mundo verdadero está al alcance del sabio, del piadoso, del virtuoso, los cuales viven en él, *se identifican con él.*

(Forma más antigua de la idea, relativamente cuerda, simple, convincente. Paráfrasis de la proposición: "yo, Platón, soy la verdad".)

2. El mundo verdadero es por lo pronto inaccesible, pero está reservado al sabio, al piadoso, al virtuoso ("al pecador arrepentido").

(Progreso de la idea; ésta se torna más sutil, más problemática e inasible, *se convierte en mujer,* se vuelve cristiana...)

3. El mundo verdadero no es accesible ni demostrable; no puede ser prometido; pero al ser concebido es un consuelo, una obligación, un imperativo.

(En el fondo, el antiguo sol, pero visto a través de niebla y escepticismo; la idea se ha vuelto sublime, pálida, nórdica, kantiana.)

4. El mundo verdadero, ¿es inaccesible? En todo caso no está logrado. Y, por ende, es *desconocido*. En consecuencia, tampoco conforta, redime ni obliga, pues ¿a qué podría obligarnos algo que nos es desconocido?...

(Alba. Primer bostezo de la razón. Canto del gallo del positivismo.)

5. El "mundo verdadero" es una idea que ya no sirve para nada, que ya no obliga siquiera; una idea inútil y superflua, *luego* refutada. ¡Suprimámosla!

(Mañana; desayuno; retorno del *bons sens* y de la alegría; bochorno de Platón; batahola de todos los espíritus libres.)

6. Hemos suprimido el mundo verdadero; ¿qué mundo ha quedado?, ¿acaso el aparencial?... ¡En absoluto! *¡Al suprimir el mundo verdadero, hemos suprimido también el aparencial!*

(Mediodía; instante de la sombra más corta; fin del error más largo; momento culminante de la humanidad; INCIPIT ZARATUSTRA.)


## LA MORAL COMO ANTINATURALIDAD

### 1

Todas las pasiones atraviesan una etapa en que son pura fatalidad, abismando a su víctima por el peso de la insensatez, y por otra, muy posterior, en que se desposan con el espíritu, se "espiritualizan". En tiempos pasados, a causa de la insensatez inherente a la pasión, se hizo la guerra a la misma trabajando por su destrucción; todos los antiguos monstruos de la moral coincidían en exigir: "hay que acabar con las pasiones". La fórmula más célebre al respecto está en el Nuevo Testamento, en ese Sermón de la Montaña, donde, dicho sea de paso, nada se contempla desde lo alto. Allí se dice, por ejemplo, con respecto a la sexualidad: "Si te fastidia tu ojo, sácalo." Por fortuna, ningún cristiano cumple tal precepto. *Destruir* las pasiones y los apetitos nada más que para prevenir su insensatez y las consecuencias desagradables de su insensatez se nos antoja hoy, a su vez, una mera forma aguda de la insensatez. Ya no admiramos a los dentistas, que *extraen* los dientes para que no duelan más... Ahora bien, admitamos en honor a la verdad que en el clima en que nació el cristianismo ni podía concebirse el concepto "espiritualización de la pasión". Sabido es que la Iglesia primitiva luchó *contra* los "inteligentes" en favor de los pobres de espíritu; ¿cómo iba a librar a la pasión una guerra inteligente? Combate la Iglesia la pasión apelando a la extirpación de todo sentido; su práctica, su "cura", es la *castración*. Jamás pregunta: "¿Cómo se hace para espiritualizar, embellecer, divinizar un apetito?" En todos los tiempos ha hecho recaer el acento de la disciplina recomendando la exterminación de la sensualidad, el orgullo, el afán de dominar, la codicia y la sed de venganza. Mas atacar por la base las pasiones significa atacar por la base la vida misma; la práctica de la Iglesia es *antivital*...

## 2

Al mismo recurso, el de la castración, exterminación, apelan instintivamente, en la lucha contra tal apetito, aquellos que son demasiado débiles de voluntad, demasiado degenerados para refrenarlo; aquellos que alegóricamente (y no alegóricamente) necesitan hablar de *la Trappe,* alguna categórica declaración de guerra, un *divorcio* establecido entre ellos y tal pasión. Sólo los degenerados tienen necesidad de remedios radicales: la debilidad de la voluntad, más exactamente, la incapacidad para *no* responder a un estímulo, no es sino una forma distinta de la degeneración. La enemistad radical, mortal hacia la sensualidad, es un síntoma que da mucho que pensar; permite sacar conclusiones respecto al estado total de la persona que llega a tal extremo. Por lo demás, esa enemistad, ese odio, sólo se exacerba a tal punto si tales personas ni siquiera tienen ya energías suficientes para efectuar la cura radical, expulsar su "demonio". Pasando revista a toda la historia de los sacerdotes y filósofos, aparte la de los artistas, se comprueba que las diatribas más violentas contra los sentidos parten no de los impotentes, ni tampoco de los ascetas, sino de los ascetas fallidos, de aquellos que debieron ser ascetas...

3

La espiritualización de la sensualidad se llama *amor;* éste es un gran triunfo sobre el cristianismo. Otro triunfo es nuestra espiritualización de la *enemistad,* la cual consiste en que se comprende el valor de tener enemigos; en una palabra, en que se procede y concluye al revés de como se procedió y concluyó antes. La Iglesia se ha propuesto en todos los tiempos la aniquilación de sus enemigos; nosotros, los inmoralistas y anticristianos, consideramos ventajoso que subsista la Iglesia... También en el orden político se ha espiritualizado la enemistad; es ella ahora mucho más cuerda, reflexiva, *considerada.* Casi todas las facciones suponen que el debilitamiento del respectivo bando adversario sería contrario a sus propios intereses. Ocurre lo mismo con la gran política. Sobre todo, una nueva creación, por ejemplo, el nuevo Reich, tiene más necesidad de enemigos que de amigos; sólo en el contraste se siente necesaria, llega a ser necesaria... Adoptamos idéntica actitud ante el "enemigo interno"; también en este terreno hemos espiritualizado la enemistad, comprendido su *valor.* Sólo se es *fecundo* si se logra ser pródigo en contrastes; sólo se conserva la *juventud* si el alma no se relaja y pide la paz... Nada nos resulta tan distante como esa aspiración de antaño, la "paz del alma", la aspiración *cristiana*. Nada nos es tan indiferente como la moral apacible y rumiante y la felicidad vacuna de la conciencia tranquila. Renunciando a la guerra, se renuncia a la vida *grande*... En muchos casos, por cierto, la "paz del alma" es simplemente un malentendido; *otra cosa* que no sabe designarse con un nombre más sincero. Veamos sin ambages ni prejuicios algunos casos. La "paz del alma" puede ser, por ejemplo, la suave irradiación de una animalidad prodigiosa en la esfera moral (o religiosa). O el comienzo del cansancio, la primera sombra que proyecta el atardecer, de cualquier índole que sea. O un indicio de que el aire está saturado de humedad y vienen vientos del Sur. O la gratitud inconsciente por una digestión feliz (llamada a veces "amor a los hombres"). O el aquietamiento del convaleciente para el cual todas las cosas tienen un sabor nuevo y que espera... O el estado consecutivo a una satisfacción intensa de la pasión dominante, el bienestar que fluye de una saciedad extraña. O la decrepitud de nuestra voluntad, de nuestras apetencias, de nuestros vicios. O la pereza, persuadida por la vanidad a vestirse con las galas morales. O el advenimiento de una certidumbre, aun de una pavorosa, tras larga tensión y tortura provocadas por la incertidumbre. O la expresión de madurez y maestría en plena actividad, obra, creación, volición; la respiración serena; el "libre albedrío" alcanzado... ¿Sería también el *ocaso de los ídolos* una modalidad tan sólo de la "paz del alma"?...

## 4

He aquí un principio reducido a una fórmula. Todo naturalismo en la moral, esto es, toda moral *sana,* se rige por un instinto vital; algún requisito de la vida es cumplido mediante un determinado canon de "debes" y "no debes", removiéndose así algunos obstáculos del camino de la vida. A la inversa, la moral *antinatural,* esto es, poco menos que toda moral enseñada, exaltada y predicada hasta ahora, se vuelve precisamente *contra* los instintos de la vida, implica un *repudio,* ya solapado o abierto e insolente, de estos instintos. Diciendo "Dios mira el corazón", dice no a las apetencias más bajas y más elevadas de la vida y concibe a Dios como *enemigo de la vida...* El santo grato a Dios es el castrado ideal... Termina la vida donde empieza el "reino de Dios"...

## 5

Quien comprende el ultraje que supone esta sublevación contra la vida, tal como ha llegado a ser casi sacrosanta en la moral cristiana, comprende por fortuna también lo inútil, ficticio, absurdo y *falaz* de tal sublevación. Todo repudio de la vida de parte de los vivos se reduce, en definitiva, a síntomas de una determinada clase de vida, independientemente que este repudio esté o no justificado. Habría que estar situado *fuera* de la vida y, por otra parte, conocerla tan bien como cualquiera, como muchos, como todos los que la han vivido, para tener derecho a abordar siquiera el problema del *valor* de la vida: razones de sobra para comprender que este problema no nos es accesible. Cuando hablamos de valores hablamos bajo la inspiración, la óptica, de la vida; la vida misma nos obliga a fijar valores, valora a través de nosotros, cuando los fijamos... De lo cual se infiere que también esa moral *antinatural* que concibe a Dios como antítesis y repudio de la vida no es sino un juicio de valor de la vida; ¿de qué vida?, ¿de qué clase de vida? Ya he dado la respuesta: de la vida decadente, debilitada, cansada, condenada. La moral, tal como hasta ahora se la ha entendido, tal como la ha formulado por último también Schopenhauer, como "negación de la voluntad de vida", es el *instinto de la décadence* que se presenta como imperativo. Dice ella: *"¡Sucumbe!";* es el juicio de condenados...

6

Consideramos, por último, la ingenuidad que supone decir: "¡así *debiera* ser el hombre!" La realidad nos muestra una encantadora riqueza de tipos, la exuberancia de un derrochador juego y cambio de formas; y he aquí que tal pobre moralista metido en su rincón dice: "¡no!, ¡el hombre debiera ser *diferente!"*... Y este pedante hasta pretende saber cómo debiera ser el hombre; pinta en la pared su propia imagen y dice: *"¡ecce homo!"*... Aunque el moralista sólo se dirija al individuo y le diga: "¡tú debieras ser así!", hace también el ridículo. El individuo es en un todo un trozo de *fatum,* una ley más, una necesidad más para todo lo por venir, todo lo que será. Decirle "¡sé diferente!" significa pedir que todo sea diferente y cambie, incluso retroactivamente... Y en efecto, no han faltado los moralistas consecuentes que pedían que el hombre fuese diferente, esto es, virtuoso, trasunto fiel de ellos, vale decir, estrecho y mezquino; ¡para tal fin *negaban* el mundo! ¡Una máxima locura, por cierto! ¡Una inmodestia nada modesta, por cierto!... La moral, en tanto que *condena* por principio y supone un *no* con referencia a cosas, factores o propósito de la vida, es un error específico con el cual no hay que tener contemplaciones, una *idiosincrasia de degenerados* que ha hecho un daño inmenso... Los otros, los inmoralistas, por el contrario, hemos abierto nuestro corazón a toda clase de comprensión, compenetración y aprobación. Nos cuesta negar; anhelamos decir sí. Se nos han abierto cada vez más los ojos para esa economía que necesita y sabe aprovechar aun todo lo que repudia la santa locura del sacerdote, de la razón *enferma* operante en el sacerdote; para esa economía en la ley de la vida que saca provecho incluso de la repugnante especie de los mojigatos, los sacerdotes y los virtuosos. ¿Qué provecho? En este punto nosotros mismos, los inmoralistas, somos la respuesta...

# LOS CUATRO GRANDES ERRORES

## 1

*Error de la confusión de causa y efecto.*—No hay error más peligroso que *confundir el efecto con la causa:* para mí es la depravación propiamente dicha de la razón. Y sin embargo, forma parte de este error de los hábitos más antiguos y más actuales de la humanidad; hasta entre nosotros está santificado, llevando el nombre de "religión", "moral". Lo implica cada principio enunciado por la religión y la moral; los sacerdotes y los legisladores morales son los autores de esta depravación de la razón. Un ejemplo ilustrará lo antedicho. Todo el mundo conoce el libro en que el famoso Cornaro recomienda su dieta frugal como receta para una vida larga, feliz y también virtuosa.

Pocos libros han sido leído con tanto afán; todavía ahora se imprimen en Inglaterra todos los años muchos miles de ejemplares. Dudo de que libro alguno (excepción hecha de la Biblia) haya causado tanto estrago, *acortado* tantas vidas como este *curiosum* bien intencionado. Todo por haber confundido su autor el efecto con la causa. Ese buen italiano consideraba su dieta como la *causa* de su longevidad; cuando lo que pasaba era que la lentitud extraordinaria del metabolismo, el desgaste reducido, resultaba la causa de su dieta frugal. No estaba en libertad de comer poco o mucho; su frugalidad *no* era un "libre albedrío"; el hombre enfermaba si comía más. Mas a todo el que no es un pez de sangre fría no sólo le conviene, sino que le hace falta comer *bien*. El erudito de *nuestro* tiempo, con su rápido desgaste de energía nerviosa, se arruinaría si adoptase el régimen de Cornaro. *Crede experto.*

2

La fórmula implícita en toda religión y moral reza: "¡Haz esto y aquello, no hagas esto ni aquello; así alcanzarás la felicidad! De lo contrario..." Toda moral, toda religión, es este imperativo, al que yo llamo gran pecado original de la razón, *inmortal sinrazón.* En boca mía, esa fórmula se convierte en su inversión, *primer* ejemplo de mi "transmutación de todos los valores": el hombre armonioso, el "afortunado", no puede menos que cometer determinados actos e instintivamente rehúye otros; introduce el orden que fisiológicamente encarna en sus relaciones con los hombres y las cosas. He aquí la fórmula correspondiente: su virtud es el *efecto* de su felicidad... La vida larga y la prole numerosa *no* son el premio de la virtud, sino que la virtud es ese retardo del metabolismo que, en-

tre otras cosas, determina también una vida larga y
una prole numerosa, en una palabra, el *cornarismo*.
La Iglesia y la moral dicen: "el vicio y el lujo arrui-
nan a los linajes y a los pueblos". Mi razón *restaurada* dice: "cuando un pueblo se arruina, cae en la
degeneración fisiológica y *se originan* el vicio y el
lujo (esto es, la necesidad de estímulos cada vez más
fuertes y más frecuentes, como la conoce todo ser
agotado).
El joven se debilita prematuramente. Sus amigos
afirman que la culpa la tiene tal enfermedad. Yo afirmo que el hecho de que ese joven haya enfermado, no
haya resistido a la enfermedad, es la consecuencia de
una vida empobrecida, de un agotamiento congénito.
El lector de diarios dice que tal partido labra su propia ruina por tal error. Mi política superior, en cambio, dice que un partido que comete tal error está
arruinado; que ha perdido la seguridad de sus instintos. Todo error, en todo sentido, es la consecuencia
de degeneración de los instintos, de disgregación de la
voluntad; lo *malo* queda así indefinido. Todo lo *bueno* es instinto y, por ende, fácil, necesario, libre. El
esfuerzo es una objeción, el *dios* es típicamente distinto del héroe (dicho en mi propio lenguaje: los pies
*alados* son el atributo primordial de la divinidad).

3

*Error de una falsa causalidad.*—En todos los tiempos se ha creído saber qué cosa es una causa; pero
¿de dónde derivábamos nuestro saber, más exactamente, nuestra creencia de que sabíamos? Del reino
de los famosos "hechos interiores", ninguno de los
cuales ha sido aún corroborado. Nos atribuíamos en el
acto volitivo un carácter causal; creíamos sorprender

por lo menos *in flagranti* la causalidad. Asimismo, no se dudaba de que todos los antecedentes de un acto, sus causas, habían de buscarse en la conciencia y que en ésta se lo sencontraba si en ella se los buscaba, como "motivos"; o si no, se habría estado en libertad de cometerlo, no se habría sido responsable por él. Por último, ¿quién iba a negar que el pensamiento fuera el efecto de una causa? ¿Qué el yo causara el pensamiento...? De estos tres "hechos interiores", que parecían garantizar la causalidad, el primordial y más convincente es el de la *voluntad como causa;* la concepción de una conciencia ("espíritu") como causa y, más tarde, la del yo ("sujeto") como causa son tan sólo concepciones derivadas, una vez que se consideraba dada, como *empiria,* la causalidad de la voluntad... Desde entonces hemos meditado en forma más honda y penetrante. Ya no creemos una palabra de todo esto. El "mundo interior" está plagado de espejismos y fuegos fatuos; uno de ellos es la voluntad. Ésta ya no acciona nada y, por ende, ya no explica nada; no es más que un fenómeno concomitante que puede faltar. Otro error es el llamado "motivo", que es un mero fenómeno accidental de la conciencia, un corolario del acto que no tanto representa sus antecedentes como los oculta. ¡Y no se diga el yo! Éste se ha convertido en fábula, ficción, juego de palabras; ¡ha cesado por completo de pensar, de sentir ·y de querer!... ¿Qué se deduce de esto? ¡No hay causas mentales! ¡Toda la presunta empiria al respecto se ha reducido a la nada! ¡He aquí lo que se sigue de esto! Y, sin embargo, habíamos abusado a más no poder de esta "empiria"; en base a ella habíamos *construido* el mundo como un mundo de causas, de voliciones, de espíritus. Trabajaba en esto la más antigua y más larga sicología, que en definitiva no hacía otra cosa; para ella, todo acaecer era un hacer y todo hacer la consecuencia de una volición. El mundo se le aparecía como una multitud de agentes y todo acaecer como determinado por un agente (un "sujeto"). El hombre ha proyectado fuera de sí sus tres "hechos interiores", aquello en que más firmemente creía: la voluntad, el espíritu y el yo; desarrolló del concepto "yo" el concepto "Ser" y concibió las "cosas" a su imagen como algo que "es", de acuerdo con su concepto del yo como causa. No es de extrañar, así, que luego haya vuelto a encontrar en las cosas *lo que en ellas había introducido.* La cosa, el concepto "cosa", lo repito, no es sino un reflejo de la creencia en el yo como causa... Y aun en su átomo, señores mecanicistas y físicos, ¡cuánto error, cuánta sicología rudimentaria subsiste aún en su átomo! ¡Y no se diga la "cosa en sí", el *horrendum pudendum* de los metafísicos! ¡El error del espíritu como causa confundido con la realidad! ¡Y erigido en criterio de la realidad! ¡Y llamado *Dios!*

<h2 style="text-align:center">4</h2>

*Error de las causas imaginarias.*—Hay que partir del sueño: a una determinada sensación, por ejemplo a raíz de un cañonazo lejano, y ver que se le inventa *a posteriori* una causa (con frecuencia toda una pequeña novela donde el soñador es el protagonista). Entre tanto, la sensación subsiste, en una especie de resonancia, esperando en cierto modo a que el impulso causal le permita pasar a primer plano, más como fenómeno contingente que como "sentido". El cañonazo aparece en forma *causal,* en una aparente inversión del tiempo. Lo posterior, la motivación, es experimentado primero, muchas veces con cien detalles que van desfilando de una manera fulminante; el cañonazo *sigue...* ¿Qué ha pasado? Las representaciones mentales *origi-*

*nadas* por una determinada sensación han sido entendidas equivocadamente como *causa* de la misma. Lo cierto es que en el estado de vigilia procedemos igual. La mayor parte de nuestras sensaciones generales—toda clase de inhibición, presión, tensión y explosión en el juego y contrajuego de los órganos, en particular el estado del *nervus sympathicus*—excitan nuestro impulso causal: buscamos un motivo para sentirnos tal como nos sentimos, para sentirnos mal o bien. Nunca nos contentamos con comprobar simplemente el hecho de que nos sentimos tal como nos sentimos; sólo admitimos este hecho, llegamos a tener conciencia de él, si le hemos dado una especie de motivación. El recuerdo, que en tal caso entra en actividad a pesar nuestro, evoca estados anteriores de la misma índole y las interpretaciones causales a ellos ligadas; *no* su causalidad. Por cierto que el recuerdo evoca también la creencia de que las representaciones mentales, los fenómenos concomitantes registrados en la esfera de la conciencia, han sido las causas. Tiene lugar así la *habituación* a una determinada interpretación causal, que en realidad dificulta, y aun impide, la *indagación de la causa*.

5

*Explicación sicológica de lo antedicho.*—Reducir algo desconocido a algo conocido alivia, reconforta, satisface y proporciona una sensación de poder. Lo desconocido involucra peligro, inquietud y zozobra; aplícase el instinto primordialmente a *eliminar* estos estados penosos. Primer principio: cualquier explicación es preferible a ninguna explicación. Como en definitiva se trata tan sólo de un afán de librarse de representaciones penosas, se echa mano de cualquier medio que se ofrece con tal de quitárselas de encima, sin discriminar mayormente; cualquier representación mental en virtud de la cual lo desconocido se dé por conocido resulta tan reconfortante que se la "cree cierta". Es la prueba del *placer* ("de la fuerza") como criterio de la verdad. El impulso causal está, pues, determinado y excitado por el temor. El "¿por qué?" debe dar en lo posible no la causa por la causa misma, sino determinado tipo de causa: una causa que tranquilice, redima, alivie. El que algo ya *conocido,* experimentado, grabado en la memoria, sea establecido como causa es la primera consecuencia de esta necesidad íntimamente sentida. Lo nuevo, no experimentado, extraño, queda excluido como causa. De modo que se busca como causa no un tipo de explicaciones, sino un tipo *escogido* y *preferido* de explicaciones, aquel que con más rapidez y frecuencia haya eliminado la sensación de lo extraño, nuevo, jamás experimentado: las explicaciones *más corrientes.* Como consecuencia de esto, un determinado tipo de motivación causal prevalece cada vez más, se reduce a sistema y llega al fin a *dominar,* con exclusión de otras *causas* y explicaciones. El banquero piensa en seguida en el "negocio", el cristiano en el "pecado" y la muchacha en su amor.

6

*Todo el dominio de la moral y la religión cae bajo este concepto de las causas imaginarias.*—"Explicación" de las sensaciones generales *desagradables:* Éstas están determinadas por seres hostiles a los hombres (espíritus malignos; el caso más célebre es la definición errónea de las histéricas como brujas). Están determinadas por actos censurables (el sentimiento del "pecado", de la "propensión al pecado", como explicación de un malestar fisiológico, puesto que siempre se encuentran motivos para estar descontento consigo mismo). Están determinadas como castigo, como expiación de algo que no se debió hacer, de algo que no debió ser (lo cual ha sido generalizado en forma terminante por Schopenhauer, en una proposición donde la moral aparece como lo que es, o sea como emponzoñadora y detractora propiamente dicha de la vida: "todo dolor intenso, físico o mental, expresa lo que tenemos merecido: pues no nos podría sobrevenir si no lo tuviésemos merecido". *El mundo como voluntad y representación*). Están determinadas como consecuencias de actos irreflexivos, fatales (los afectos, los sentidos, concebidos como causa, como "culpa"; apremios *diferentes* como "merecidos").

"Explicación" de las sensaciones generales *agradables:* Éstas están determinadas por la fe en Dios. Están determinadas por la conciencia de buenas acciones (la llamada "conciencia tranquila", un estado fisiológico que a veces se parece mucho a la buena digestión). Están determinadas por el resultado feliz de empresas (conclusión errónea candorosa; el resultado feliz de una empresa no proporciona en absoluto sensaciones generales agradables a un hipocondríaco o a un Pascal). Están determinadas por la fe, el amor y la esperanza: las virtudes cristianas. En realidad, todas estas presuntas explicaciones son estados *derivados* y, por así decirlo, traducciones de sensaciones de placer o desplacer a un dialecto falso. Se está en condiciones de esperar *porque* la sensación de fuerza y plenitud infunde tranquilidad serena. La moral y la religión pertenecen en un todo a la *sicología del error:* en cada caso particular se confunde la causa con el efecto, la verdad con el efecto de lo *creído* cierto o un estado de la conciencia con la causalidad de este estado.

## 7

*Error del libre albedrío.*—Hoy día ya no tenemos contemplaciones con el concepto "libre albedrío"; sabemos demasiado bien lo que es: el más cuestionable truco de los teólogos con miras a hacer a la humanidad "responsable" en su criterio, o lo que es lo mismo, con el propósito de *dominarla...*

Me limito aquí a exponer la sicología de todo hacer responsable. Dondequiera que se busquen responsabilidades suele ser el instinto del *querer castigar y juzgar* el que impera. Cuando se reduce el ser tal y como es, a voluntad, propósitos, actos de la responsabilidad, se despoja la posibilidad de su inocencia; la doctrina de la voluntad ha sido inventada esencialmente para los fines de castigo, esto es, para satisfacer el *afán de declarar culpable.* Toda la antigua sicología, la sicología volicional, reconoce como origen el hecho de que sus autores, los sacerdotes al frente de antiguas comunidades, querían procurarse a sí mismos o bien a Dios, el *derecho* de castigar. Se concebía a los hombres "libres", para que se los pudiera juzgar y castigar, para que pudieran ser *culpables;* en consecuencia, había que concebir cada acto como acto volitivo, el origen de cada acto como situado en la conciencia (con lo cual la tergiversación *más fundamental in psychologicis* quedaba convertida en el principio de la sicología...). Hoy día, cuando hemos entrado en el movimiento opuesto; cuando en particular los inmoralistas nos aplicamos con todas las fuerzas a eliminar del mundo el concepto de la culpa y el del castigo, y depurar de ellos la sicología, la historia, la Naturaleza y las instituciones y sanciones sociales, consideramos como nuestros adversarios más radicales a los teólogos, los que por el concepto del "orden moral" siguen arruinando la inocencia de la posibilidad, contaminándola con el "castigo" y la "culpa". El cristianismo es la metafísica del verdugo...

## 8

*Nuestra* doctrina sólo puede ser ésta: que al hombre no le son *dadas* sus propiedades por nadie, ni por Dios ni por la sociedad, sus padres y antepasados, ni tampoco por *él mismo* (el disparate de la noción aquí repudiada en último término ha sido enseñado como "libertad inteligible" por Kant, y acaso ya por Platón). *Nadie* es responsable de su existencia, de su modo de ser, de las circunstancias y el ambiente en que se halla. La fatalidad de su ser no puede ser desglosada de la fatalidad de todo lo que fue y será. El hombre *no* es la consecuencia de un propósito expreso, de una voluntad ni de un fin; con él *no* se hace una tentativa de alcanzar un "tipo humano ideal" o una "felicidad ideal" o una "moralidad ideal"; siendo absurdo pretender *descargar* su modo de ser en algún "fin". *Nosotros* hemos inventado el concepto "fin"; la realidad nada sabe de fines... Se es, necesariamente, un trozo de fatalidad; se forma parte del todo, se está integrado en el todo; no hay nada susceptible de juzgar, valorar, comparar, condenar nuestro ser, pues significaría juzgar, valorar, comparar, condenar el todo... *¡Mas no existe nada fuera del todo!*

Dejar de hacer responsable a alguien y comprender que la esencia del *Ser* no debe ser reducida a una *causa prima;* que el mundo no es ni como sensorio ni como "espíritu" una unidad, significa *la gran liberación;* sólo así queda restaurada la *inocencia* de la posibilidad... Hasta ahora, el concepto "Dios" ha sido la *objeción* más grave contra la existencia... Nosotros negamos a Dios, la responsabilidad en Dios, y sólo así redimimos el mundo.

# LOS "MEJORADORES" DE LA HUMANIDAD

## 1

Conocido es mi postulado según el cual el filósofo se sitúa *más allá* del bien y del mal, encontrándose *por encima* de la ilusión del juicio moral. Este postulado deriva de un descubrimiento que yo he sido el primero en formular: *no hay hechos morales.* El juicio moral, como el religioso, se funda en realidades ilusorias. La moral no es sino una interpretación de determinados fenómenos, y más propiamente: una *mala* interpretación. Semejante al juicio religioso, la moral caracteriza un nivel de la ignorancia en que falta aun la noción de lo real, la discriminación entre lo real y lo imaginario; de modo que en este nivel la "verdad" designa sin excepción cosas que hoy día llamamos "ficciones". De lo cual se infiere que el juicio moral nunca debe ser tomado al pie de la letra, pues siempre consiste en un puro contrasentido. Como *semiótica,* por cierto, es inestimable; pues revela, al que sabe por lo menos, las realidades más valiosas de culturas e interioridades, que no *sabían* lo suficiente para "entenderse" a sí mismas. La moral en definitiva es mero lenguaje de signos, mera sintomatología; para sacar provecho de ella es preciso saber de antemano *de qué* se trata.

## 2

Me valdré, por lo pronto, de un primer ejemplo. En todos los tiempos se ha querido volver "mejor" al hombre; este propósito era lo que primordialmente se entendía por moral. Mas he aquí que este término implica tendencias diametralmente opuestas. Tanto *do-*

*mesticar* la bestia humana como *"criar"* un determinado tipo humano ha sido considerado como "mejoramiento" del hombre; sólo estos dos términos zoológicos expresan realidades; realidades, es verdad, de las que el "mejorador" típico, el sacerdote, no sabe nada, no *quiere* saber nada... Llamar a la domesticación de un animal su "mejoramiento" suena casi a burla sangrienta. Quien sabe lo que ocurre en los circos de animales, desconfía que en ellos sean "mejoradas" las bestias. Se las debilita, se reduce su peligrosidad, se las convierte por el efecto depresivo del miedo, por dolor, herida y hambre, en bestias *morbosas*. Pues dicen: lo mismo ocurre con el hombre domesticado, que el sacerdote ha "mejorado". En la temprana Edad Media, en tiempos en que la Iglesia era en efecto primordialmente una especie de zoológico amaestrado, se cazaban los ejemplares más hermosos de la "bestia rubia"; se "mejoraba", por ejemplo, a los germanos de noble linaje. Pero tal germano "mejorado", atraído al convento, quedaba reducido a una caricatura de hombre, un ser trunco; convertido en un "pecador", estaba metido en una jaula, recluido entre conceptos terribles... Helo aquí postrado, enfermo, enclenque, fastidiado consigo mismo, lleno de odio a todo lo que seduce de la vida y de recelo hacia todo lo que era todavía fuerte y feliz. En una palabra, un "cristiano"... Fisiológicamente hablando, en la lucha con la bestia, enfermarla *puede* ser el único medio de debilitarla. Bien entendía el problema la Iglesia; *echando a perder* al hombre, lo debilitaba, pretendiendo "mejorarlo"...

### 3

Consideremos el otro caso de la llamada moral, el de la *"cría"*; formación de una determinada raza y tipo. El ejemplo más grandioso al respecto es la moral india, sancionada como religión por la "Ley de Manú". Aquí se propone la tarea de formar simultáneamente nada menos que cuatro razas: una sacerdotal, otra guerrera, otra mercantil y campesina y, por último, una raza destinada a servir, los sudras. En este caso nos encontramos definitivamente entre domadores de fieras; un tipo humano cien veces más suave y cuerdo, se necesita para concebir siquiera el plan de tal formación. Respira uno con alivio al pasar de la atmósfera cristiana de hospital y cárcel a este mundo más sano, más elevado y amplio. ¡Cuán pobre y maloliente aparece el "Nuevo Testamento" al lado de Manú!

Mas también *esta* organización tenía que ser *terrible;* esta vez no en lucha con la bestia, sino con el concepto antitético, el hombre no "criado" y formado, el hombre-mezcolanza, el *tshandala.* Y a su vez, no disponía de otro medio de quitarle su peligrosidad, de debilitarlo, que el de *enfermarlo;* tal era la lucha con el "gran número". Sin embargo, es posible que no haya nada tan contrario a nuestro sentir como las medidas preventivas de la moral india. El tercer edicto, por ejemplo *(Avadana-Sastra* I), el "de las legumbres impuras", ordena que el único alimento permitido a los *tshandalas* es el ajo y la cebolla, toda vez que la Sagrada Escritura prohíbe darles granos ni frutos que contengan granos, ni tampoco *agua* y fuego. El mismo edicto estipula que el agua que necesitan no debe ser extraída de los ríos, fuentes ni lagos, sino únicamente de los accesos a los pantanos y de los hoyos originados por las pisadas de los animales. Se les prohíbe, asimismo, lavar su ropa, y aun *lavarse a sí mismos,* toda vez que el agua que se les concede como un favor sólo debe servir para apagar la sed. Prohíbese, por último, a las mujeres sudras asistir a las mujeres *tshandalas* que dan a

luz, así como a éstas *asistirse entre sí...* No se hizo
esperar el resultado de tal reglamentación sanitaria:
epidemias mortíferas, asquerosas enfermedades vené-
reas, y luego, como reacción, la "ley del cuchillo",
ordenando la circuncisión de los varones y la extirpación de los labios pequeños de la vulva en las niñas.
El propio Manú dice: "los *tshandalas* son el fruto
del adulterio, incesto y crimen" (tal es la consecuencia
*necesaria* del concepto "cría"). Toda su indumentaria
debe reducirse a andrajos tomados de los cadáveres,
su vajilla, a ollas rotas, su adorno, a hierro viejo, y
su culto, al de los espíritus del mal; deben vagar sin
hallar paz en ninguna parte. Se les prohíbe escribir de
izquierda a derecha y servirse para escribir de la
diestra, lo cual está reservado a los *virtuosos,* a las
"personas de raza".

4

Estas disposiciones son harto instructivas; en ellas
se da la humanidad *aria* en toda su pureza y originalidad; puede verse que el concepto "sangre pura" es
todo lo contrario de un concepto inofensivo. Resulta
claro, por otra parte, en qué pueblo se ha perpetuado
el odio, el odio *tshandala,* a esta "humanidad"; dónde
este odio se ha hecho religión, *genio...* Desde este punto de vista, los Evangelios, y, sobre todo, el Libro de
Enoch, constituyen un documento de primer orden.
El cristianismo, de raíz judía y sólo comprensible como
planta crecida en *este* suelo, representa la reacción a
toda moral de casta, raza y privilegio; es la religión
*antiaria* por excelencia. Significa el cristianismo la
transmutación de todos los valores arios, el triunfo de
los valores *tshandalas;* el evangelio predicado a los
pobres y humildes, la sublevación total de todos los
oprimidos, miserables, malogrados y desheredados con-

tra la "raza"; la inmortal venganza *tshandala* como *religión del amor...*

5

La moral de selección y la moral de *domesticación* apelan, para imponerse, a idénticos medios; cabe enunciar como axioma capital que para establecer la moral hay que tener la voluntad incondicional de practicar lo contrario de la moral. Tal es el grande y *desconcertante* problema que he estudiado con más ahínco: la sicología de los "mejoradores" de la humanidad. Un hecho pequeño, y en definitiva, subalterno, el de la llamada *pia fraus,* me facilitó el primer acceso a este problema: la *pia fraus,* el patrimonio de todos los filósofos y sacerdotes que "mejoraron" a la humanidad. Ni Manú ni Platón, Confucio ni los predicadores judíos y cristianos han dudado jamás de su *derecho* de recurrir a la mentira. ¡No han dudado, en suma, de *ningún derecho!...* Resumiendo, cabe decir que todos los medios de que se ha hecho uso para moralizar a la humanidad han sido en el fondo medios *inmorales.*

## LO QUE FALTA A LOS ALEMANES

1

Entre alemanes no basta hoy con tener espíritu; hay que tomárselo, *arrogárselo...*

Quizá conozca yo a los alemanes; quizá hasta tenga derecho a decirles cuatro verdades. La nueva Alemania representa una gran cantidad de capacidad ingénita y desarrollada; así que por un tiempo le es dable gastar, y aun derrochar, el caudal acumulado de fuerza. *No* ha llegado a prevalecer, con ella, una cultura elevada, y menos un gusto exquisito, una "belleza" aristocrática de los instintos; sí, virtudes *más viriles* que en ningún otro país de Europa. Hay mucha gallardía y orgullo, mucho aplomo en el trato, en la reciprocidad de los deberes, mucha laboriosidad, mucha perseverancia; y una moderación ingénita que necesita, antes que del freno, del aguijón. Por lo demás, en Alemania se obedece todavía, sin que la obediencia implique una humillación... Y nadie desprecia a su adversario...

Como se ve, mi deseo es hacer justicia a los alemanes; no quiero apartarme en este punto de mi norma de siempre; pero he de plantearles mis objeciones. Llegar al poder es algo que se paga caro; el poder *entontece...* En un tiempo se llamaba a los alemanes el pueblo de los poetas y pensadores; ¿piensan todavía? Ahora, los alemanes se aburren con el espíritu y desconfían de él; la política mata todo interés serio por las verdaderas cosas del espíritu. Temo que *"Deutschland, Deutschland über Alles"* haya acabado con la filosofía alemana... "¿Hay filósofos alemanes?", me preguntan en el exterior. "¿Hay poetas alemanes? ¿Hay *buenos* libros alemanes?" Y yo me ruborizo, pero con esa valentía que me caracteriza aun en los trances más difíciles, contesto: *"¡Sí, Bismarck!"* ¡Como para celebrar qué clase de libros se leen hoy en día!... ¡Maldito instinto de la mediocridad!

## 2

¿Quién no ha pensado con melancolía en lo que *podría* ser el espíritu alemán? Mas desde hace casi mil años este pueblo se ha venido entonteciendo paulatinamente; en parte alguna se ha hecho un uso más vicioso de los dos grandes narcóticos europeos: del alcohol y el cristianismo. En tiempos recientes hasta se ha agregado un tercero, que basta por sí solo para acabar con toda agilidad sutil y audacia mentales: la música, nuestra obstruida y obstruidora música alemana. ¡Cuánta tétrica pesadez, torpeza, humedad y modorra, cuánta *cerveza* hay en la inteligencia alemana! ¿Cómo es posible que jóvenes que consagran su vida a los fines más espirituales no sientan el instinto primordial de la espiritualidad, *el instinto de* conservación del espíritu y beban cerveza?... El alcoholismo de la juventud erudita tal vez no ponga en tela de juicio su erudición, que sin espíritu se puede hasta ser un gran erudito, pero en cualquier otro plano de cosas es un problema. ¡Dónde no se comprueba esa suave degeneración que la cerveza determina en el espíritu! En cierta ocasión, en un caso que casi adquirió celebridad, denuncié tal degeneración: la degeneración de nuestro librepensador alemán número uno, del *listo* David Strauss, autor de un evangelio de cervecería y "nuevo credo"... No en balde había rendido pleitesía en verso a la "encantadora morocha", jurándole lealtad hasta la muerte...

### 3

He hablado del espíritu alemán, señalando que se vulgariza y se vuelve superficial. ¿Es esto bastante? En el fondo, lo que me aterra es otra cosa: el hecho de que declina cada vez más la seriedad alemana, la profundidad alemana, la *pasión* alemana por las cosas del espíritu. No solamente la intelectualidad ha cambiado, sino también el *pathos*.

Tengo de tanto en tanto contacto con Universidades alemanas; ¡hay que ver la atmósfera, la espiritualidad pobre y sosa, tibia y contentadiza, en que se desenvuelven allí los eruditos! Sería un grave malentendido alegar como argumento en contra la ciencia alemana, y también una prueba de que no se ha leído una sola palabra de mis escritos. Desde hace diecisiete años no me canso de denunciar la influencia *desespiritualizadora* de nuestro medio científico actual. La dura labor a que el volumen tremendo de las ciencias condena hoy a todos los individuos es una de las causas principales de que para los espíritus plenos, pletóricos y *profundos* ya no existan una educación y *educadores* que les sean adecuados. Nuestra cultura de nada se resiente tanto como del exceso de especialistas arrogantes y humanidades fragmentarias; nuestras Universidades son, sin proponérselo, los invernáculos propiamente dicho de esta especie de atrofia de los instintos del espíritu. Y Europa toda ya se va dando cuenta de ello; la gran política no engaña a nadie. Se generaliza cada vez más la noción de que Alemania es el *llano* de Europa. No he encontrado aún a un alemán con el que pueda ser serio a mi manera; ¡y menos, por supuesto, a uno con el que yo pueda ser alegre! *Ocaso de los ídolos:* ¡ah, quién sería capaz, hoy día, de comprender *de qué seriedad* se reviste aquí un filósofo! La alegría serena es lo que menos se comprende entre nosotros...

4

Pensándolo bien, no sólo es evidente la decadencia de la cultura alemana, sino que no falta tampoco la causa que la explica de una manera convincente. En definitiva, uno no puede gastar más de lo que posee: ocurre en esto con los pueblos lo mismo que con los individuos. Si se gasta todo para el poder, la gran política, la economía, el tráfico mundial, el parlamentarismo y los intereses militares; si se gasta en esta partida la cantidad de razón, seriedad, voluntad y dominio de sí mismo que existe, hay un déficit en la contrapartida. La cultura y el Estado—de nada vale cerrar los ojos ante el hecho—son antagonistas; el "Estado cultural" no es más que una idea moderna. La cultura vive del Estado, prospera a expensas del Estado, y viceversa. Todas las grandes épocas de la cultura son épocas de decadencia política; siempre lo que es grande en el sentido de la cultura ha sido apolítico, y aun antipolítico... El corazón de Goethe se abrió al fenómeno Napoleón, pero se cerró a las "guerras de liberación"... En el mismo instante en que Alemania llega a ser una potencia mundial, Francia cobra como *potencia cultural* renovada importancia. Ya mucha inteligencia, mucha *pasión* nueva del espíritu ha emigrado a París; la cuestión del pesimismo, por ejemplo, la cuestión wagneriana, casi todas las cuestiones sicológicas y artísticas, se consideran allí de una manera mucho más sutil y penetrante que en Alemania; los alemanes ni siquiera están *capacitados* para esta clase de seriedad. En la historia de la cultura europea, el advenimiento del "Reich" significa más que nada un *desplazamiento del centro de gravedad*. En todas partes se sabe ya que en lo esencial—y la cultura sigue siendo lo esencial—ya no cuentan los alemanes. Se nos pregunta: ¿hay entre vosotros siquiera un solo espíritu que *cuente* en Europa, como contaron vuestro Goethe, vuestro Hegel, vuestro Heinrich Heine y vuestro Schopenhauer? El extranjero se queda estupefacto ante el hecho de que ya no hay un solo filósofo alemán.

5

Toda la educación superior en Alemania ha perdido lo principal: el *fin* y los *medios* conducentes al logro del mismo. Se ha olvidado que la educación misma, la *ilustración,* es el fin—y *no* "el Reich"—; que para tal fin se requieren *educadores,* y *no* profesores de enseñanza secundaria y catedráticos de Universidad... Hacen falta educadores *que ellos mismos estén educados;* espíritus superiores, aristocráticos, probados a cada instante, probados tanto por lo que dicen como por lo que callan, cultivos maduros y sazonados, y *no* esos patanes eruditos que el colegio y la Universidad ofrecen hoy a la juventud como "ayas superiores". *Faltan* los educadores, abstracción hecha de las excepciones; quiere decir, la premisa primordial de la educación; *de ahí* la decadencia de la cultura alemana. Una de esas rarísimas excepciones es mi venerable amigo Jakob Burckhardt, de Basilea; a él, más que a nadie, debe Basilea su supremacía en humanidad. El resultado efectivo que logran los "establecimientos superiores de enseñanza" en Alemania es un adiestramiento brutal con miras a hacer con un mínimo de pérdida de tiempo a multitud de jóvenes aprovechables, *exportables,* para la administración pública. "Educación superior" y "multitud" son desde un principio términos inconciliables. Toda educación superior ha de estar reservada a la excepción; hay que ser un hombre privilegiado para tener derecho a tan alto privilegio. Todas las cosas grandes, todas las cosas hermosas, jamás pueden ser patrimonio de todos: *pulchrum est paucorum hominum.*

¿Qué es lo que *determina* la decadencia de la cultura alemana? La circunstancia de que la "educación superior" ha dejado de ser un *privilegio;* el democratismo de la "ilustración general", *vulgarizada...* No ha de olvidarse que los privilegios militares efectivamente imponen la afluencia excesiva a los establecimientos superiores de enseñanza, quiere decir, su ruina. En la Alemania de hoy ya nadie puede procurar a sus hijos una educación refinada, si así lo desea; todos nuestros establecimientos superiores de enseñanza están orientados hacia la más equívoca mediocridad, con sus profesores, programas de enseñanza y fines didácticos. Y en todas partes prevalece una precipitación indecorosa, como si algo estuviese perdido, porque a los veintitrés años el joven no está "listo", no sabe dar una respuesta a la "cuestión principal", la de la orientación profesional.

El hombre superior, séame permitido consignarlo, no es amigo de la "profesión", porque tiene conciencia de su vocación... Él tiene tiempo, se toma todo el tiempo; no le interesa estar "listo"; a los treinta años se es, en el sentido de elevada cultura, un principiante, un niño. Nuestros colegios colmados y nuestros profesores de enseñanza secundaria abrumados de trabajo y entontecidos son un escándalo; para defender tales estados de cosas, como lo hicieron el otro día los profesores de Heidelberg, existen tal vez *causas,* pero no ciertamente razones.

## 6

Para no desmentir mi modo de ser, que es *afirmativo* y que sólo en forma mediata, involuntaria, tiene que ver con la objeción y la crítica, consigno a renglón seguido las tres tareas para las cuales son menester educadores. Hay que aprender a *ver,* hay que aprender a *pensar* y hay que aprender a *hablar* y a *escribir;* todo esto con miras a adquirir una cultura aristocrática. Aprender a *ver,* habituar la vista a la calma, la paciencia, la espera serena; demorar el juicio, aprender a enfocar desde todos lados y abarcar el caso particular. He aquí el adiestramiento preliminar primordial para la espiritualidad; *no* reaccionar instantáneamente a los estímulos, sino llegar a dominar los instintos inhibitorios, aisladores. Aprender a *ver,* como yo lo entiendo, es casi lo que el lenguaje no filosófico llama la voluntad fuerte; lo esencial de ésta es precisamente no "querer", ser capaz de suspender la decisión. Toda falta de espiritualidad, toda vulgaridad obedece a la incapacidad para resistir a los estímulos, que fuerza al individuo a reaccionar y seguir cualquier impulso. En muchos casos, esta incapacidad supone morbosidad, decadencia, síntoma de agotamiento; casi todo lo que la grosería poco filosófica designa con el nombre de "vicio", se reduce a esa incapacidad fisiológica para *no* reaccionar. Una aplicación práctica de este aprendizaje de la vista es la siguiente: en todo *aprender* el individuo se vuelve lento, receloso y recalcitrante. Lo extraño, lo *nuevo,* de cualquier índole que sea, lo deja por lo pronto acercarse a él con una calma hostil, retirando la mano. El estar con todas las puertas abiertas, la postración servil ante cualquier pequeño hecho, el sentirse dispuesto en todo momento a meterse, *precipitarse* sobre el prójimo y lo ajeno; en una palabra, la famosa "objetividad" moderna es mal gusto, lo *antiaristocrático* por excelencia.

### 7

Aprender a *pensar:* se ha perdido la noción de esto en nuestros establecimientos de enseñanza. Hasta en las Universidades, incluso entre los estudiosos propiamente dichos de la filosofía, la lógica empieza a extinguirse como teoría, como práctica, como *oficio.* Leyendo libros alemanes, ya no se descubre en ellos el más remoto recuerdo de que el pensamiento requiere una técnica, un plan didáctico, una voluntad de maestría; que hay que aprender a pensar como hay que aprender a bailar, concibiendo el pensamiento como danza...

¿Dónde está el alemán que conozca todavía por experiencia ese estremecimiento sutil que los pies ligeros en lo espiritual irradian a todos los músculos? La rígida torpeza del ademán espiritual, la manera desmañada de asir, son tan alemanas, que en el exterior suele considerárselas *lo* alemán. El alemán no tiene el sentido del matiz... El que los alemanes hayan siquiera aguantado a sus filósofos, sobre todo al *eximio* Kant, el lisiado más contrahecho que se ha dado jamás en el reino de los conceptos, dice demasiado de la gracia alemana. Sabido es que la *danza,* en todo sentido, está inseparablemente ligada a la *educación aristocrática.* Si hay que saber bailar con los pies, con los conceptos, con las palabras: ¿es necesario agregar que hay que saber bailar también con la pluma, que hay que aprender a *escribir?* Mas llegado este punto es posible que yo me convierta en un completo enigma para los lectores alemanes...

## CORRERÍAS DE UN HOMBRE INACTUAL

### 1

*Mis imposibles.—Séneca:* o el torero de la virtud. *Rousseau:* o el retorno a la Naturaleza *in impuris naturalibus.—Schiller:* o el trompeta moral de Säckingen. *Dante:* o la hiena que compone sus versos en tumbas.— *Kant:* o *cant* como carácter inteligible.—*Víctor Hugo:* o el faro junto al mar del absurdo.—*George Sand:* o *lactea ubertas,* o sea, la vaca lechera con "estilo hermoso".—*Michelet:* o el entusiasmo en mangas de camisa.—*Carlyle:* o el pesimismo como almuerzo mal digerido.—*John Stuart Mill:* o la claridad agraviante. *Les frères de Goncourt:* o los dos Ayax trabados en lucha con Homero. Música de Offenbach.—*Zola:* o "el deleite de heder".

## 2

*Renan:* Teología, o la corrupción de la razón por el "pecado original" (el cristianismo). Testimonio de ello es Renan, quien en cuanto arriesga un sí o no de carácter más bien general se equivoca con penosa regularidad. Quisiera, por ejemplo, aunar la *science* con la *noblesse;* pero es evidente que la *science* pertenece a la democracia. Desea, con no escasa ambición, representar un aristocratismo del espíritu; mas al mismo tiempo dobla la rodilla, y no solamente la rodilla ante la doctrina contraria, el *évangile des humbles...* ¡De nada sirven el librepensamiento, el modernismo, la ironía, etc., si íntimamente se sigue siendo cristiano, católico y aun sacerdote! Como un jesuita y confesor, Renan tiene la capacidad inventiva de la seducción; no le falta a su espiritualidad la amplia sonrisa de frailuco; como todos los sacerdotes, sólo se vuelve peligroso cuando ama. Nadie lo iguala en eso de adorar de una manera que entraña peligro mortal... Este espíritu de Renan, un espíritu que *enerva,* es una fatalidad más para la pobre Francia enferma, con la voluntad enferma.

## 3

*Sainte-Beuve:* No tiene ni pizca de virilidad; rebosa un odio mezquino frente a todos los espíritus viriles. Vaga sutil, curioso, aburrido, fisgón; en el fondo, mujer, con un rencor y una sensualidad muy femenina. Como sicólogo, un genio de la maledicencia; pródigo, inagotable en medios para tal fin; nadie como él para emponzoñar elogiando. Plebeyo en sus instintos más soterrados y afín al resentimiento de

Rousseau: *por ende,* romántico; pues bajo todo *romantisme* el instinto de Rousseau clama, rencoroso, venganza. Revolucionario, pero contenido ajustado por el miedo. Sin libertad ante todo lo que tiene fuerza (la opinión pública, la Academia, la Corte, hasta Port Royal). Furioso con todo lo grande en los hombres y las cosas, con todo lo que cree en sí. Lo suficientemente poeta y semi-mujer para sentir lo grande aun como poder; retorciéndose constantemente, como ese famoso gusano, porque constantemente se siente pisoteado. Como crítico, sin criterio ni sustancia, con el paladar del libertino cosmopolita para variadas cosas, pero sin tener valor ni siquiera para admitir el libertinaje. Como historiador, sin filosofía, sin el *poder* de la mirada filosófica; es, por consiguiente, por lo que en todos los asuntos principales repudia la tarea de juzgar bajo la máscara de la "objetividad". Muy otra actitud observa ante todas las cosas donde un gusto refinado, gastado, es la más alta instancia; aquí sí que tiene el valor de la autoafirmación, el deleite de la autoafirmación; en esto es un maestro consumado. A juzgar por algunas páginas, una forma preliminar de Baudelaire.

## 4

La *Imitatio Christi* es uno de esos libros que yo no puedo hojear sin experimentar una repulsión fisiológica; trasciende de ella un perfume femenino, para cuyo disfrute hay que ser francés o wagneriano... Su autor tiene una manera de hablar del amor que hasta las parisienses quedan intrigadas. Me dicen que ese jesuita *más listo,* A. Comte, que pretendió conducir a sus franceses a Roma por el *rodeo* de la ciencia, se inspiró en este libro. Lo creo: "la religión del corazón"...

5

*G. Eliot:* Esa gente se ha librado del Dios cristiano y cree ahora que debe profesar más que nunca la moral cristiana; he aquí una consecuencia *inglesa,* que no vamos a reprochar a los mamarrachos morales a lo Eliot. En Inglaterra, por cualquier pequeña emancipación de la teología, hay que rehabilitarse de una manera aterradora como fanático de la moral. Tal es en ese país la *multa* que por esto se paga. Nosotros, en cambio, tenemos entendido que quien repudia el credo cristiano no tiene *derecho* a la moral cristiana. Ésta no es en absoluto una cosa sobrentendida; digan lo que digan los menos ingleses, hay que insistir en la verdad sobre este punto. El cristianismo es un sistema, una concepción global y total de las cosas. Desglosar de él un concepto capital, la creencia en Dios, significa romper el todo, quedarse sin nada necesario. Descansa el cristianismo en el supuesto de que el hombre no sepa, no pueda saber, qué es bueno y qué es malo para él; cree en Dios, el único que lo sabe. La moral cristiana es una orden; su origen es trascendente; se halla más allá de toda crítica, de todo derecho a la crítica; sólo expresa la verdad si Dios es la verdad; está inseparablemente ligada a la creencia en Dios. Si los ingleses creen efectivamente que saben por sí solos, por vía de la "intuición", qué es bueno y qué es malo; si, en consecuencia, creen que ya no tienen necesidad del cristianismo como garantía de la moral, es por una mera *consecuencia* del imperio del juicio de valor cristiano y una expresión de lo *sólido* y *profundo* que es este imperio, así que se ha olvidado el origen de la moral inglesa y ya no se siente lo muy condicionado de su derecho a la existencia. Para el inglés, la moral aún no constituye un problema...

## 6

*George Sand:* He leído las primeras *Lettres d'un voyageur:* como todo lo que deriva de Rousseau, falsas, artificiosas, blandas, exageradas. Yo no soporto este abigarrado estilo de papel pintado, como tampoco la ambición plebeya de sentimientos generosos. Lo peor, por cierto, es y sigue siendo la coquetería femenina con virilidades, con modales de mozalbete petulante. ¡Qué fría sería, con todo, esa artista insoportable! Se daba ella cuerda como si fuese un reloj y a escribir... ¡Fría, como Hugo, como Balzac, como todos los románticos, en cuanto empuñaban la pluma! ¡Y con qué aire de suficiencia se tumbaría esa fecunda vaca plumífera, que tuvo algo de alemán en sentido fatal, igual que el propio Rousseau, su maestro, y aunque sólo haya podido darse en tiempos en que declinaba el gusto francés! Sin embargo, Renan la venera...

## 7

*Moral para sicólogos.* ¡No practicar una sicología reporteril! ¡No observar nunca por el hecho de observar! Conduce esto a una óptica falsa, a una perspectiva torcida, a una cosa forzada y exagerada. El experimentar como prurito de experimentar no sale bien. Quien experimenta *no debe* estar con los ojos fijos en sí, o si no, toda ojeada se convierte en "aojadura". El sicólogo nato se cuida por instinto de ver para ver; lo mismo se aplica al pintor nato, quien no trabaja nunca "del natural", sino que encomienda a su instinto, su cámara oscura, la tarea de cribar y exprimir el "caso", la "Naturaleza", la "experiencia"... Sólo *lo general,* la conclusión, el resultado, entra en su conciencia; no sabe de esa arbitraria deducción de caso particular.

¿Cuál es el resultado si se procede de un modo diferente? ¿Si, por ejemplo, se practica sicología reporteril sobre el modelo de los *romanciers* parisienses, grandes y pequeños? Esa gente dijérase que acecha la realidad y todas las noches vuelve a casa con un puñado de curiosidades... Pero el resultado está a la vista: un montón de páginas pintarrajeadas, un mosaico en el mejor de los casos; de todos modos, una cosa compuesta, inquieta, estridente. En este aspecto, lo peor corresponde a los Goncourt, los cuales no juntan tres frases que no hieran la vista, la vista del *sicólogo*.

La Naturaleza, artísticamente apreciada, no es un modelo. Exagera, deforma y crea lagunas. La Naturaleza es el *azar*. El estudio "del natural" se me antoja un mal síntoma; denota sumisión, debilidad y fatalismo. Esta postración ante los *petits faits* no es digna del artista *cabal*. Ver *lo que es*—he aquí algo que corresponde a un tipo diferente de espíritus, a los espíritus anti-artísticos, fácticos—. Hay que saber *quién* se es...

8

*A propósito de la sicología del artista.* Para que haya arte, cualquier hacer y mirar estético, es imprescindible un requisito fisiológico: la *embriaguez*. Hasta que la embriaguez no haya acrecentado la excitabilidad de todo el mecanismo no aparece el arte. Todas las clases de embriaguez, por diferentemente determinadas que estén, tienen este poder; lo tiene, sobre todo, la embriaguez de la excitación sexual, forma antigua y primaria de la embriaguez. Como también la embriaguez que deriva de todos los grandes apetitos, de todos los fuertes afectos; la embriaguez de la fiesta, de la rivalidad, de la hazaña, del triunfo, de todo movimiento extremo; la embriaguez de la crueldad; la embriaguez de la destrucción; la embriaguez derivada de determinados factores meteorológicos, por ejemplo, la embriaguez de la primavera o de la acción de los narcóticos. Por último, la embriaguez de la voluntad, de una voluntad cargada y henchida. Lo esencial de la embriaguez es la sensación de fuerza acrecentada y plena. Esta sensación impulsa al individuo a obsequiar a las cosas, a participar en ellas, a violentarlas; a esto es a lo que se le llama *idealizar*. Emancipémonos en este punto de un prejuicio: el idealizar no consiste, como se cree comúnmente, en una deducción o abstracción de lo pequeño y secundario, lo decisivo es una tremenda *acentuación* de los rasgos principales, al punto que desaparecen los demás.

## 9

Embargado por este estado, uno enriquece todo con su propia plenitud; todo lo que ve y apetece lo ve henchido, pletórico, vigoroso, cargado de fuerza. El hombre ebrio transmuta las cosas, hasta que reflejan su propio poder, hasta que son reflejos de su propia perfección. Este no poder por menos de transmutar las cosas en algo perfecto es a lo que llamamos arte. Incluso todo lo que él no es, se convierte en goce propio; en el arte, el hombre goza de sí mismo como de algo perfecto. Es dable concebir un estado contrario, una específica esencia anti-artística del instinto, un modo de ser que empobrece, diluye y atrofia todas las cosas. Y, en efecto, abundan en la historia tales antiartistas, tales famélicos de la vida que por fuerza toman las cosas, las agotan y *desnutren*. Tal es, verbigracia, el caso del cristianismo genuino de Pascal. No *se da* un cristiano que al mismo tiempo sea artista..., y no se incurra en la puerilidad de alegar el caso de Rafael o de cualquier cristiano homeopático del siglo XIX; Rafael dijo sí e *hizo sí,* luego *no* fue un cristiano...

## 10

¿Qué significa la oposición : *apolíneo-dionisíaco,* introducida por mí en la estética, valores entendidos como tipos de la embriaguez? La embriaguez apolínea determina ante todo la excitación de la vista, así que ésta adquiere el poder de la visión. El pintor, el plástico y el épico son visionarios por excelencia. En el estado dionisíaco, en cambio, se halla excitado y exaltado todo el sistema afectivo, que descarga de una vez todos sus medios de expresión y manifiesta a un tiempo el poder de representación, reproducción, transfiguración y transmutación, toda clase de mímica e histrionismo. Lo esencial es aquí la facilidad de la metamorfosis, la incapacidad para *no* reaccionar (en forma parecida al caso de ciertos histéricos que también representan *cualquier* papel que se les indique). Al hombre dionisíaco le es imposible no entender sugestión alguna; no pasa por alto ninguna señal del afecto; posee en máximo grado el instinto de comprensión y adivinación, del mismo modo que posee en máximo grado el arte de la comunicación. Se mete en cualquier piel, en cualquier afecto; se transforma sin cesar. La música, tal como hoy la entendemos, también es una excitación y descarga total de los afectos, no obstante ser el residuo de un mundo de expresión mucho más pleno del afecto, un mero *residuum* del histrionismo dionisíaco. Con objeto de hacer posible la música como arte particular, se han paralizado un número de sentidos, en particular el sentido de los músculos (por lo menos, relativamente, pues hasta cierto punto todo ritmo habla todavía a nuestros músculos), de suerte que el hombre ya no imita y representa directamente todo lo que siente. Sin embargo, tal es el estado dionisíaco normal, en todo caso el estado primario; la música es la especificación poco a poco alcanzada del mismo a expensas de las facultades inmediatamente afines.

## 11

El actor, el mimo, el danzarín, el músico y el lírico son íntimamente afines en sus instintos y esencialmente idénticos, aunque poco a poco se hayan especializado y diferenciado entre sí, llegando incluso al extremo de la contradicción. El lírico con quien durante más tiempo estuvo identificado fue con el músico, el actor, con el danzarín. El *arquitecto* no representa ni un estado dionisíaco ni uno apolíneo; en él lo que tiende al arte es el gran acto volitivo, la voluntad que mueve montañas, la embriaguez de la voluntad portentosa. Siempre los hombres más poderosos han inspirado a los arquitectos; en todos los tiempos el arquitecto ha experimentado la sugestión del poder. La obra de arquitectura, la construcción, debe documentar el orgullo, el triunfo sobre la pesantez, la voluntad de poder; es la arquitectura una especie de elocuencia del poder a través de las formas, ora persuasiva, y aun insinuante, ora simplemente autoritaria. El máximo sentimiento de poder y seguridad se expresa en aquello que tiene *gran estilo*. El poder que ya no necesita de pruebas; que desdeña agradar; que es tardo en responder; que no sabe de testigos; que vive ajeno al hecho de posibles objeciones; que reposa en sí mismo, fatalista, ley entre leyes, habla de sí como gran estilo.

## 12

He leído la biografía de *Thomas Carlyle,* esta farsa
inconsciente e involuntaria, esta interpretación heroi-
co-moral de estados dispépsicos. Carlyle, un hombre
de palabras y actitudes enfáticas, un reto *forzoso* acu-
ciado en todo momento por el anhelo de una fe ardiente y el sentimiento de no estar capacitado para
ella (¡en esto, un romático típico!). El anhelo de
una fe ardiente *no* es la prueba de una fe ardiente,
sino todo lo contrario. Quien la tiene, puede permitirse el hermoso lujo del escepticismo; es lo suficientemente seguro, sólido y firme para ello. Carlyle atur-
de algo en sí por el *fortissimo* de su veneración por
los hombres de la fe ardiente y por su rabia con los
que no son tan ingenuos; precisa el barullo. Una
constante y apasionada falta de probidad consigo
mismo, he aquí su *propium,* aquello por lo cual es
y seguirá siendo interesante. En Inglaterra, por cierto,
lo admiran precisamente por su probidad... Y como
esto es inglés y los ingleses son el pueblo del *cant*
cien por cien, resulta no sólo natural, sino explicable.
En el fondo, Carlyle es un ateo inglés que se precia
de *no* serlo.

## 13

*Emerson:* Mucho más esclarecido, inquieto, polifa-
cético y refinado que Carlyle; sobre todo, más feliz...
Se alimenta instintivamente con ambrosía dejando lo
indigesto de las cosas. En comparación con Carlyle,
un hombre de buen gusto. Carlyle, quien lo apreciaba
mucho, decía de él: "A nosotros no nos da bastante
de comer", observación que acaso sea cierta, pero no
en detrimento de Emerson. Tiene éste esa alegría
serena, afable y espiritual que desmonta toda seriedad; ignora lo viejo que es y lo joven que será aún;

podía haber dicho de sí, repitiendo palabras de Lope de Vega: "Yo me sucedo a mí mismo." Su espíritu siempre encuentra razones para estar contento y aun agradecido, y a veces roza la alegre y serena trascendencia de ese buen hombre que volvió de una cita de amor *tanquam re bene gesta: "Ut desint vires*—dijo agradecido—, *tamen est laudanda voluptas."*

## 14

*Anti-Darwin.* Por lo que se refiere a la famosa "lucha por la *existencia*", me parece, por lo pronto, más sostenida que demostrada. Se da, sí; pero como excepción. El aspecto total de la existencia *no* es el apremio, el hambre, sino, por el contrario, la riqueza, la abundancia y aun el derroche absurdo; donde se lucha, se lucha por *poder*... No se debe confundir a Malthus con la Naturaleza. Mas suponiendo que se dé esta lucha—y se da, en efecto—, su desenlace es, por desgracia, justamente el contrario del que desea la escuela darwinista, desfavorable a los fuertes, los privilegiados, los excepcionales. Las especies *no* progresan en el sentido del perfeccionamiento; una y otra vez los débiles dan cuenta de los fuertes, por ser la abrumadora mayoría y también por ser *más inteligentes*... Darwin se olvidó del espíritu (¡gesto típicamente inglés!). *Los débiles tienen más espíritu*... Hay que tener necesidad de espíritu para adquirir espíritu; se pierde si no se le necesita. Quien tiene la fuerza prescinde del espíritu ("¡déjalo!—se piensa ahora en Alemania—; el *Reich* ha de quedar"...). Como se ve, yo entiendo por espíritu la prudencia, la astucia, la paciencia, la simulación, el gran dominio de sí mismo y todo lo que es mimetismo (éste comprende gran parte de la llamada virtud).

## 15

*Casuística de sicólogo.* He aquí un conocedor de los hombres; ¿para qué estudia a los hombres? Quiere asegurarse pequeñas o grandes ventajas sobre ellos; ¡es un político!... Aquel otro también es un conocedor de los hombres y no con fines egoístas. ¡Miradlo más de cerca! ¡Tal vez busque incluso una ventaja *más grave:* la de sentirse superior a los hombres, tener derecho a mirarlos por encima del hombro, distanciarse de ellos. Este "impersonal" *desprecia* a los hombres; aquel otro es la más humana de las dos especies, aunque la evidencia parezca demostrar lo contrario, pues, al menos, trata a los hombres en un plano de igualdad, sintiéndose como uno de ellos...

## 16

El *tacto sicológico* de los alemanes aparece puesto en tela de juicio por una serie de casos que mi modestia me impide enumerar. En un determinado caso no habrá de faltarme un magno motivo para fundamentar mi tesis: reprocho a los alemanes haberse equivocado con Kant y con la que yo llamo "filosofía de las traspuertas"; *esto* ciertamente no fue un dechado de probidad intelectual. Otra cosa que me saca de quicio es el fatal "y": los alemanes dicen "Goethe y Schiller"; temo que hasta digan "Schiller y Goethe"... ¿Todavía no se sabe quién fue Schiller? No es éste, por cierto, el "y" más grave; yo mismo he oído, en verdad que sólo de labios de profesores de Universidad, "Schopenhauer y Hartmann"...

## 17

Los hombres más espirituales, siempre que sean los más valientes, también viven, con mucho, las tragedias más dolorosas; mas por eso mismo exaltan la vida, oponiéndoles su más grave adversidad.

## 18

*A propósito de la "conciencia intelectual".* Nada me parece tan raro hoy día como la verdadera hipocresía. Sospecho decididamente que el aire suave de nuestra cultura no conviene a esta planta. La hipocresía es propia de las épocas de fe ardiente, en las que ni aun cuando se estaba forzado a exhibir una fe diferente se renunciaba a la que realmente se alentaba. Hoy día se renuncia a ella, o lo que es aún más corriente, se adopta una segunda fe; en uno y otro caso se es *sincero.* No cabe duda que en nuestros tiempos son posibles, quiere decir permitidas, quiere decir *inofensivas,* un número mucho más grande de convicciones que antes. Orígínase así la tolerancia hacia sí mismo.

La tolerancia hacia sí mismo autoriza a tener varias convicciones; éstas conviven pacíficamente, cuidándose mucho, como hoy en día todo el mundo, de comprometerse. ¿Cómo se compromete uno hoy en día? Adoptando una actitud consecuente. Avanzando imperturbable. Siendo un hombre en el que no caben, por lo menos, cinco interpretaciones diferentes. Siendo genuino... Temo mucho que algunos vicios estén condenados a extinguirse simplemente porque el hombre moderno es demasiado cómodo e indolente para seguir con ellos. Todo lo malo determinado por una voluntad fuerte, y tal vez no haya nada malo sin fuerza de voluntad, degenera en virtud en nuestro tibio ambiente... Los pocos hipócritas que he conocido imitaban la hipocresía; eran, como hoy en día casi todo el mundo, comediantes.

## 19

*Bello y feo.* Nada hay tan condicionado, digamos tan *restringido,* como nuestro sentimiento de lo bello. Quien pretende concebirlo desligado del goce que el hombre libra del hombre, deja al momento de pisar terreno firme. Lo "bello en sí" es un mero concepto; no es ni siquiera un concepto. En lo bello, el hombre se establece a sí mismo como criterio de perfección; en casos selectos, se adora a sí mismo en lo bello. Una especie no puede por menos de decir sí exclusivamente a sí misma de esta manera. Su instinto más *soterrado,* el de conservación y expansión del propio ser, irradia aun en tales sublimidades. El hombre cree el mundo mismo colmado de belleza; se *olvida* que él es la causa. Él lo ha obsequiado con belleza, ¡ay!, sólo con una belleza muy humana, demasiado humana.

En el fondo, el hombre se refleja en las cosas; tiene por bello todo lo que le devuelve su propia imagen. El juicio "bello" es su *vanidad genérica...* Pues al escéptico bien puede un leve recelo susurrarle al oído: ¿de veras queda embellecido el mundo por el hecho de que el hombre lo tenga por bello? Lo ha *humanizado;* esto es todo. Mas nada, absolutamente nada, nos autoriza para creer que precisamente el hombre sea el modelo de lo bello. ¿Quién sabe cómo se presenta a los ojos de un juez superior del gusto? ¿Acaso atrevido? ¿Acaso divertido? ¿Acaso un tanto arbitrario?... "Oh Dionisos, divino, ¿por qué me tiras de las orejas?", preguntó Ariadna a su amante filosófico en ocasión de uno de esos célebres diálogos en Naxos. "Es que tus orejas me causan gracia, Ariadna; ¿quizá por qué no son aún más largas?"

## 20

Nada es bello, sólo el hombre es bello: en esta ingenuidad descansa toda estética; ella es la verdad *primordial* de la estética. Agreguemos a renglón seguido otra segunda: nada hay tan feo como el hombre *degenerado;* queda así delimitado el reino del juicio estético. Desde el punto de vista fisiológico, todo lo feo debilita y apesadumbra al hombre. Le sugiere quebranto, peligro e impotencia; le ocasiona efectivamente una pérdida de fuerza. Cabe medir el efecto de lo feo con el dinamómetro. Cuando quiera que el hombre experimente un abatimiento, sospecha la proximidad de algo "feo". Su sentimiento de poder, su voluntad de poder, su valentía, su orgullo, se merman por obra de lo feo y aumenta por obra de lo bello... En uno y otro caso *sacamos una conclusión:* las premisas correspondientes están acumuladas en inmensa cantidad en el instinto. Lo feo es entendido como señal y síntoma de la degeneración; todo lo que siquiera remotamente sugiere degeneración determina en nosotros el juicio "feo". Todo indicio de agotamiento, de pesadez, de vejez y cansancio; toda clase de coerción, bajo forma de espasmo o paralización; en particular, olor, color y forma de la desintegración, de la podredumbre, aunque sea en su dilución última en símbolo; todo esto provoca idéntica reacción, el juicio de valor "feo". Manifiéstase aquí un odio, ¿y qué es lo que odia el hombre? No cabe duda que la *decadencia de su tipo.* Odia en este caso llevado por el instinto más profundo de la especie. En este odio hay estremecimiento de horror, cautela, profundidad y visión; es el odio más profundo que puede darse. Por él es el arte *profundo*...

## 21

*Schopenhauer.* Schopenhauer, el último alemán que cuenta (por ser un acontecimiento *europeo,* como Goethe, como Hegel, como Heinrich Heine, y no tan sólo un acontecimiento local, "nacional"), es para el sicólogo un caso de primer orden, en cuanto tentativa maligna, pero genial de movilizar, con miras a una desvalorización total nihilista de la vida, precisamente las contrainstancias, las grandes autoafirmaciones de la "voluntad de vida", las formas exuberantes de ella. En efecto, interpretó, uno por uno, el *arte,* el heroísmo, el genio, la belleza, el gran sentimiento de simpatía, el conocimiento, la voluntad de verdad y la tragedia como consecuencias de la "negación" o la necesidad de negación, de la "voluntad": la más grande sofisticación sicológica que conoce la historia, abstracción hecha del cristianismo. Bien mirado, con esto Schopenhauer no es sino el heredero de la interpretación cristiana; sólo que supo *aprobar* hasta lo que el cristianismo repudia, los grandes hechos culturales de la humanidad, en un sentido cristiano, esto es, nihilista (o sea, como caminos de "redención", como formas preliminares de la "redención", como estimulantes del anhelo de "redención"...).

## 22

Consideraré un caso particular. Habla Schopenhauer de la *belleza* con un ardor melancólico. ¿Por qué, en definitiva? Porque la tiene por un *puente* sobre el cual se va más lejos o se experimenta el anhelo de ir más allá... Se le aparece como algo que por un momento redime de la "voluntad"; como algo que incita a redimirse de una vez por todas... La ensalza en particular como lo que redime del "foco de la voluntad", de la sexualidad; considera que ella implica la *negación* del instinto sexual... ¡Qué santo más raro! Alguien le contradice; temo que sea la Naturaleza. *¿Por qué* hay belleza en sonido, color, fragancia y movimiento rítmico en la Naturaleza? ¿Qué es lo que fuerza la *manifestación* de lo bello? Afortunadamente, le contradice también un filósofo. Nada menos que el divino Platón (y así le llama el propio Schopenhauer) sostiene una tesis diferente : que toda la belleza excita el instinto sexual; que en esto reside precisamente su efecto específico, desde la máxima sensualidad hasta la máxima espiritualidad...

## 23

Platón va más allá. Con un candor muy heleno, incompatible con el "cristiano", afirma que no habría ninguna filosofía platónica si no hubiese en Atenas tantos jóvenes hermosos; que sólo la vista de estos jóvenes sume el alma del filósofo en una embriaguez erótica y que no se libra hasta no haber plantado en tan hermoso suelo la semilla de todas las cosas elevadas. ¡Otro santo muy raro! Uno se resiste a dar crédito a sus oídos, aun en el supuesto de que se diera crédito a Platón. Se adivina, en todo caso, que en Atenas se filosofaba de una manera *diferente,* sobre todo en público. Nada hay tan antiheleno como la sutilización conceptual de un solitario, *amor intellectualis dei* al modo de Spinoza. La filosofía al modo de Platón corresponde definirla más bien como rivalidad erótica, como evolución y profundización de la antigua gimnasia agonal y *sus premisas*... ¿Qué surgió, por último, de este erotismo filosófico de Platón? Una nueva modalidad artística del *agon* heleno, la dialéctica. Para terminar, recordaré, en oposición a Schopenhauer y en honor de Platón, que también toda la cultura y literatura superiores de la Francia *clásica* han nacido en el suelo del interés sexual. Cabe buscar en ellas por doquier la galantería, los sentidos, la rivalidad sexual, la "mujer"; no se buscará nunca en vano...

24

*L'art pour l'art*. La lucha por el fin en el arte es siempre la lucha contra la tendencia a la *moralización* en el arte, contra su subordinación a la moral. *L'art pour l'art* quiere decir: "¡que se vaya al diablo la moral!" Mas aun esta hostilidad revela el imperio del prejuicio. Una vez excluido del arte el fin de la moralización y del perfeccionamiento de los hombres, no por eso el arte carece necesariamente de fin, meta y sentido y es necesariamente *l'art pour l'art*—un gusano que se muerde la cola. "¡Ni fin moral, ni fin alguno!"—, así habla la pura pasión. El sicólogo, en cambio, pregunta: ¿qué hace todo arte?, ¿no elogia?, ¿no exalta?, ¿no escoge?, ¿no destaca? Con todo esto, *robustece* o *debilita* determinadas valoraciones... ¿Se trata tan sólo de una cosa accidental?, ¿de una casualidad?, ¿de algo en que el instinto del artista no interviene para nada? ¿O bien de la idea del *poder* del artista?... El instinto más profundo del artista, ¿tiende al arte?, ¿no tiende al sentido del arte, a la *vida?*, ¿a un *ideal de vida?* Si el arte es la gran incitación a la vida, ¿cómo considerarlo carente de fin y meta, de acuerdo con *l'art pour l'art?* Sigue entonces en pie este interrogante: el arte plasma también muchas cosas feas, duras y problemáticas de la vida. ¿Se aparta de ella? Y, en efecto, ha habido filósofos que le daban este sentido. Schopenhauer enseñaba como propósito total del arte: "liberarse de la voluntad", y ensalzaba "inducir a la resignación" como la gran utilidad de la tragedia. Pero esto, según ya lo di a entender, es óptica de pesimista y "mal de ojo"; hay que apelar a los artistas mismos. *¿Qué comunica el artista trágico de su intimidad?* ¿No exhibe él precisamente el estado exento de miedo ante lo pavoroso y problemático? En este estado es una aspiración elevada; quien lo conoce le rinde los máximos honores. Lo comunica, no puede por menos de comunicarlo, siempre que sea un artista, un genio de la comunicación. La valentía y libertad del sentimiento ante un enemigo poderoso, ante una sublime desventura, ante un problema que sobrecoge; este estado *triunfante* es el que elige y exalta el artista trágico. Ante la tragedia, lo que hay de guerrero en nuestra alma celebra sus saturnales; quien está acostumbrado a sufrir y va en procura del sufrimiento, el hombre *heroico,* con la tragedia ensalza su existencia; únicamente a él sirve lo trágico la bebida de esta dulcísima crueldad.

## 25

Conformarse con los hombres, tener casa abierta con su corazón es liberal, pero nada más que liberal. Los corazones capaces de la hospitalidad *aristocrática* se los reconoce por las muchas ventanas cubiertas y postigos cerrados; tienen desocupadas sus mejores estancias. ¿Por qué? Porque esperan a huéspedes con los que uno *no* "se conforma"...

## 26

Ya no nos apreciamos lo suficiente si nos comunicamos. Nuestras experiencias propiamente dichas no son en modo alguno locuaces. Ni siquiera podrían comunicarse, pues les faltan las palabras. Lo que sabemos expresar en palabras, ya lo hemos dejado atrás. En todo hablar hay algo de desprecio. Parece que el lenguaje está inventado únicamente para lo ordinario, lo medio, lo comunicable. Con el lenguaje *se vulgariza* el que habla. (De una moral para sordomudos y otros filósofos.)

## 27

"¡Es encantadora esta imagen!"... La historia, insatisfecha, excitada, desolada en el corazón y las entrañas, pendiente en todo momento, con una curiosidad dolorosa, del imperativo que desde las profundidades de su organismo susurra *"aut liberi aut libri";* la literata, lo suficientemente culta para entender la voz de la Naturaleza, incluso cuando habla en latín, y, por otra parte, lo suficientemente vanidosa y estúpida para decir aun en francés para sus adentros: *"je me verrai, je me lirai, je m'extasierai et je dirai: Possible, que j'aie eu tant d'esprit?"*

## 28

Hablan los "impersonales". "Nada nos es tan fácil como ser sabios, pacientes, superiores y serenos. Chorreamos aceite de indulgencia y simpatía; somos de una manera absurda justos; perdonamos todo. Por eso mismo debiéramos *desarrollar* en nosotros de tanto en tanto un pequeño afecto, un pequeño vicio de afecto. Tal vez nos cueste; tal vez nos riamos, entre nosotros, de la figura que encarnamos. Pero no tenemos más remedio. No nos queda ya ninguna otra forma de autodisciplina; tal es *nuestro* ascetismo, *nuestra* penitencia"... *Volverse personal,* he aquí la virtud del "impersonal"...

### 29

*De un examen de doctorado.* "¿Cuál es la tarea de toda enseñanza superior?" Hacer del hombre una máquina. "¿Cómo se consigue esto?" El hombre debe aprender a aburrirse. "¿Cómo se consigue esto?" Mediante la noción del deber. "¿Quién es su modelo en esta ocasión?" El filólogo, que enseña a trabajar como un burro. "¿Quién es el hombre perfecto?" El empleado del Estado. "¿Qué filosofía ofrece la fórmula suprema para el empleado del Estado?" La de Kant: el empleado del Estado como cosa en sí, proclamado juez del empleado del Estado como apariencia.

### 30

*El derecho a la estupidez.* El trabajador cansado de lento respirar y aire bonachón que deja correr las cosas; esta figura típica que uno encuentra ahora, en esta época del trabajo (¡y del Reich!) en todas las capas de la sociedad, reivindica hoy día precisamente el *arte,* incluido el libro, en particular el diario; júzguese en cuánto mayor grado la bella Naturaleza reivindica a Italia... El hombre del atardecer, con los "impulsos fieros expirados", de que habla Fausto, tiene necesidad del lugar de veraneo, de la playa de mar, de los ventisqueros, de Bayreuth... En tiempos así, el arte tiene derecho a la *locura pura,* como una especie de vacaciones para el espíritu, el ingenio y el ánimo. Así lo entendió Wagner. La *locura pura* repone...

## 31

*Otro problema de la dieta.* Los medios a que recurrió Julio César para defenderse de los achaques y los dolores de cabeza: marchas formidables, un régimen de vida en extremo sencillo, vida permanente al aire libre y penurias constantes son, en el plano general, las medidas de conservación y protección contra la vulnerabilidad extrema de esa máquina delicada y sometida a máxima presión que se llama genio.

## 32

*Habla el inmoralista.* Nada repugna tanto al filósofo como el hombre *que desea*... Cuando ve al hombre exclusivamente en sus actos; cuando ve a este animal más valiente, astuto y denodado extraviado hasta en trances laberínticos, ¡cuán admirable se le aparece el hombre! Y aun lo alienta... Desprecia el filósofo, en cambio, al hombre que desea, también al hombre "deseable", y en un plano general, todas las deseabilidades, todos los *ideales* humanos. Si el filósofo pudiese ser nihilista lo sería, pues detrás de todos los ideales del hombre encuentra la nada. O ni siquiera la nada, sino lo ruin, lo absurdo, lo enfermo, lo cobarde, lo cansado, toda clase de heces de la copa *vaciada* de su vida... El hombre, que en tanta realidad es siempre vulnerable, ¿cómo es que no merece respeto en cuanto desea? ¿Será que tiene que pagar por la capacidad que lo distingue como realidad?, ¿que tiene que compensar su actividad, la tensión mental y el esfuerzo de voluntad en toda actividad, por una relajación en lo imaginario y lo absurdo?

Hasta ahora la historia de los ideales ha sido la *partie honteuse* del hombre; hay que procurar no leer en ella demasiado tiempo. Lo que justifica al hombre es su realidad; ésta lo justificará eternamente. ¿Cuánto más vale el hombre real en comparación con cualquier hombre tan sólo deseado, soñado, inventado y mentido?, ¿con cualquier hombre *ideal?* Sólo por ello el hombre ideal repugna al filósofo.

## 33

*Valor natural del egoísmo.* El egoísmo vale lo que vale fisiológicamente el que lo practica; puede valer mucho, pero puede también ser ruin y despreciable. Ante cada individuo cabe preguntar si representa la curva ascendente o la descendente de la vida. Esta dilucidación proporciona al mismo tiempo el canon para determinar el valor de su egoísmo. Si representa la curva ascendente, su valor ciertamente es extraordinario, y por la vida total que con él da un paso más *hacia adelante* se justifica incluso la preocupación extrema por sobrevivir, por crear su *optimum* de condiciones. El "individuo", tal como el vulgo y el filósofo lo han entendido hasta ahora, es un error: no es nada por sí; no es un átomo, un "eslabón de la cadena"; no es nada meramente transmitido en herencia; es también todo el único linaje humano anterior a él... Si representa la curva descendente, la decadencia, la degeneración, enfermedad crónica (las enfermedades son, en definitiva, consecuencias de la decadencia, *no* sus causas), tiene poco valor y la equidad elemental exige que *quite* lo menos posible a los íntegros y cabales. Ya no es más, en definitiva, que su parásito...

## 34

*Cristiano y anarquista.* El anarquista, como porta-voz de capas *décadents* de la sociedad, reivindica con hermosa indignación "justicia" e "igualdad de dere-chos", se halla bajo la presión de su ignorancia, no sabe comprender *por qué* sufre y, en definitiva, es pobre en vida... Obra en él un impulso causal: al-guien debe tener la culpa de su mala situación... Por otra parte, su enorme indignación le hace bien; es un placer lanzar diatribas en nombre de todos los pobres diablos, ya que proporciona una pequeña embriaguez de poder. La sola queja, el solo hecho de quejarse, con-fiere a la vida un encanto que la hace llevadera; en toda queja hay una dosis sutil de *venganza,* uno re-procha su malestar, eventualmente hasta su maldad, como si fuese una injusticia, un privilegio ilícito, a los que no comparten su condición. "Si yo soy *canaille,* tú también debes serlo"—tal es la lógica que inspira la revolución—. La queja nunca vale nada, es un pro-ducto de la debilidad. Lo mismo da, en definitiva, que uno eche la culpa de su malestar a otros, como el socialista, o a *sí mismo,* como, por ejemplo, el cris-tiano; lo que en los dos casos hay de común y de *indigno* es que hacen a alguien *responsable* de su su-frimiento; en una palabra, que el que sufre se receta contra su sufrimiento la miel de la venganza. Los ob-jetos de esta necesidad de venganza, que viene a ser una necesidad de *placer,* son causas accidentales; el que sufre encuentra por doquier motivos para satis-facer su mezquino afán vindicativo; si es cristiano, los encuentra, como queda dicho, *en sí mismo...* Tanto el cristiano como el anarquista son *décadents.* Mas también el cristiano, cuando repudia, difama y vi-tupera al "mundo", lo hace llevado por el afán que impulsa al trabajador socialista a repudiar, difamar y vituperar la *sociedad;* aun el "juicio final" es el dulce consuelo de la venganza, la revolución deseada por el trabajador socialista, proyectada en un futuro un tanto más lejano... El propio "más allá", ¿no es en el fondo un medio de difamar *este* mundo?...

35

*Crítica de la moral de decadencia.* Una moral "altruista", una moral que comporta la *atrofia* del egoísmo, es bajo todas las circunstancias una mala señal, respecto a los individuos y, en particular, respecto a los pueblos. Falla lo mejor si empieza a fallar el *egoísmo.* Optar instintivamente por lo que lo *perjudica* a uno, sentirse *atraído* por motivos "desinteresados", es casi la fórmula de la decadencia. "No buscar su propia ventaja" es tan sólo la hoja de parra moral para disimular esta realidad muy diferente, esto es, fisiológica: "No soy ya capaz de encontrar mi propia ventaja"... ¡Disgregación de los instintos! Cuando un hombre se vuelve altruista, quiere decir que está perdido. En vez de decir ingenuamente: "Yo ya no sirvo para nada", dice la mentira moral por boca del *décadent:* "Nada vale nada; la *vida* no vale nada..." Tal juicio constituye, en definitiva, un grave peligro, pues es contagioso; no tarda en proliferar por toda la extensión del suelo mórbido de la sociedad, hasta quedar transformado en una tupida vegetación conceptual, ya como religión (cristianismo) o como filosofía (schopenhauerianismo). Tal vegetación venenosa, brotada de la podredumbre, es susceptible de infectar con sus miasmas vastas áreas de la vida por espacio de milenios...

## 36

*Moral para médicos.* El enfermo es un parásito de la sociedad. En un determinado estado resulta indecente seguir con vida. Debiera sentir la sociedad un desprecio profundo por quien arrastra una existencia precaria en cobarde dependencia de médicos y practicantes, una vez perdido el sentido de la vida, el *derecho* a la vida. Los médicos, por su parte, debieran ser los agentes de este desprecio, procurando en vez de recetas una renovada dosis de *asco* a su paciente... Hay que crear una responsabilidad nueva, la del médico, para todos los casos en que el interés supremo de la vida, de la vida *ascendente,* exige la represión implacable de la vida *degenerada;* por ejemplo, respecto al derecho a la procreación, al derecho de nacer, al derecho de vivir... Morir de una muerte orgullosa, cuando ya no es posible vivir una vida orgullosa. Optar por la muerte espontánea y oportuna, consumada con claridad y alegría, rodeado de hijos y testigos, de suerte que es todavía posible una verdadera despedida *donde está todavía* ahí el que se despide, así como una verdadera apreciación de lo realizado y lo intentado, un *balance* de la vida, en oposición a la miserable y pavorosa farsa en que el cristianismo ha convertido la hora postrera. ¡No debiera perdonarse jamás al cristianismo haber abusado de la debilidad del moribundo para hacer violencia a la conciencia, de la forma de la muerte para valorar al hombre y su pasado! En este punto, frente a todas las cobardías del prejuicio, corresponde establecer, ante todo, la apreciación correcta, esto es, fisiológica, de la llamada muerte *natural,* que a su vez no es, en definitiva, sino una muerte "antinatural", un suicidio. Nadie muere por culpa ajena, sino únicamente por culpa propia. Sólo que ella es la muerte que se produce en las circunstancias más despreciables: una muerte impuesta, *a destiempo,* una muerte cobarde. Por amor a la *vida* se debiera procurar una muerte diferente: libre, consciente, sin contingencia ni coerción... Por último, he aquí un consejo dirigido a los señores pesimistas y demás *décadents.* No está en nuestro poder no nacer, pero sí nos es dable subsanar lo que a veces resulta efectivamente un defecto. Quien se *elimina* realiza algo respetable; quien hace esto, casi merece vivir... La sociedad, ¡qué digo!, la *vida* misma se beneficia con semejante gesto más que con cualquier "vida" vivida con resignación, anemia y otras virtudes; se ha quitado de la vista de los demás, convirtiéndose en una objeción a la vida... El pesimismo *pur, vert, sólo queda probado* por la autorrefutación de los señores pesimistas; hay que avanzar un paso más en su lógica, negar la vida no sólo con "voluntad y representación", como lo hizo Schopenhauer, sino negando *primero a Schopenhauer...* El pesimismo, dicho sea de paso, a pesar de ser contagioso, no acrecienta la morbosidad de una época, de una raza, en su conjunto; es la expresión de la misma. Se cae en él como en el cólera, que sólo ataca al que está predispuesto. El pesimismo no aumenta el número de los *décadents;* recuérdense también las estadísticas según las cuales los años en que causa estragos el cólera no se diferencian de los otros años respecto al número total de fallecimientos.

*¿Hemos progresado en moralidad?* Como era de esperar, contra mi concepto "más allá del bien y del mal" se ha alzado toda la ferocidad del entontecimiento moral, confundida en Alemania con la moral misma; podría contar cosas muy sugestivas al respecto. Sobre todo, se me hizo notar la "superioridad innegable" de nuestra época respecto al juicio moral, al *progreso* efectivamente realizado por nosotros en

este terreno, señalando que es de todo punto inadmisible aceptar la comparación de Cesare Borgia con *nosotros,* como "hombre superior", como una especie de *superhombre,* según yo he afirmado... Un redactor suizo del *Bund,* al rendir homenaje a la valentía de tan arriesgada iniciativa, llegó hasta a "entender" el sentido de mi obra como cruzada por la abolición de todos los sentimientos decentes. ¡Muchas gracias! A modo de respuesta, me permito plantear el interrogante de *si realmente hemos progresado en moralidad.*

El hecho de que todo el mundo reconozca semejante progreso basta, en realidad, para ponerlo en tela de juicio... Los hombres modernos, muy delicados, muy vulnerables, perdidas mil contemplaciones, creemos, en efecto, que esta tierna humanidad que representamos, este acuerdo *logrado* en la consideración, la solicitud y la mutua confianza es un progreso positivo; que con esto somos muy superiores a los hombres del Renacimiento. Así piensa, porque no puede menos de pensar, toda época. Lo cierto es que debía estarnos vedado situarnos, siquiera mentalmente, en estados de cosas renacentistas; nuestros nervios, y no digamos nuestros músculos, no soportarían semejante realidad. Mas esta incapacidad no prueba un progreso, sino tan sólo un natural diferente, más tardío; uno más débil, más tierno, más vulnerable, del que necesariamente deriva una moral *pródiga en contemplaciones.* Si descontamos mentalmente nuestra condición delicada y tardía, nuestro envejecimiento fisiológico, nuestra moral de la "humanización" pierde al instante su valor, ninguna moral tiene valor por sí; hasta se nos aparecerá despreciable. No dudamos, por otra parte, de que los modernos, con nuestra humanidad acolchada, ansiosa de no golpearse contra ninguna piedra, seríamos para los contemporáneos de Cesare Borgia un espectáculo en extremo ridículo. En efecto, sin quererlo, somos pintorescamente graciosos con nuestras "virtudes" modernas... La merma de los instintos hostiles y susceptibles de despertar recelo, y tal es, en definitiva, nuestro "progreso", no es sino una de las consecuencias de la merma general de la *vitalidad;* salvaguardar una existencia tan condicionada, tan tardía, requiere cien veces más esfuerzo y cautela que antes. Entonces, los hombres se ayudan unos a otros; entonces, cada cual es hasta cierto punto enfermo y cada cual es enfermero. Entonces, a esto se llama "virtud", entre hombres que conocían una vida distinta, más plena, más pletórica y portentosa, se le habría llamado de otro modo: "cobardía" acaso, "vileza", "moral de viejas"... Nuestra suavización de las costumbres, tal es mi tesis, y si se quiere, mi *innovación,* es una consecuencia de la decadencia; la dureza y violencia de las costumbres, en cambio, bien puede ser la consecuencia de un excedente de vitalidad: pues en tal caso mucho puede ser arriesgado, mucho desafiado, mucho también *derrochado.* Lo que en un tiempo fue condimento de la vida, para nosotros sería veneno... Somos también demasiado viejos, demasiado tardíos, como para ser indiferentes, lo cual es asimismo una forma de la fuerza. Nuestra moral de la simpatía, contra la cual siempre he prevenido, aquello que pudiera llamarse *l'impressionisme morale,* es una expresión más de la irritabilidad fisiológica propia de todo lo decadente. Ese movimiento que con la moral schopenhaueriana de la *compasión* ha hecho una tentativa de presentarse envuelto en ropaje científico, ¡tentativa muy desafortunada, por cierto!, es el movimiento de la decadencia propiamente dicho en la moral, y como tal íntimamente afín a la moral cristiana. Las épocas fuertes, las culturas *aristocráticas,* desprecian la compasión, el "amor al prójimo", la falta de propio ser y de conciencia del propio ser.

193

A las épocas hay que juzgarlas por sus fuerzas *positivas,* y entonces aquella época derrochadora y pródiga en fatalidad del Renacimiento aparece como la última época *grande,* y la de nosotros, los modernos, con nuestro enervado cuidado de nuestra propia persona y amor al prójimo, con nuestras virtudes de la laboriosidad, la sencillez, la ecuanimidad y el rigor científico, recopiladores, económicos, maquinales, como una época débil... Nuestras virtudes están condicionadas, *provocadas* por nuestra debilidad... La "igualdad", cierta igualación efectiva que en la teoría de la "igualdad de derechos" no hace más que formularse, es un rasgo esencial de la decadencia; en cambio, la diferencia entre los individuos y las clases, la multiplicidad de los tipos, la voluntad de individualidad y diferenciación, aquello que yo llamo el *pathos de la distancia jerárquica,* es propio de todas las épocas *fuertes.* La tensión y envergadura entre los extremos disminuyen ahora sin cesar; los extremos mismos terminan por desdibujarse hasta el punto de confundirse... Todas nuestras teorías políticas y Constituciones, el "Reich alemán" inclusive, son conclusiones, consecuencias lógicas de la decadencia; la gravitación inconveniente de la *décadence* ha llegado a prevalecer hasta en los ideales de las distintas ciencias. Mi objeción contra toda la sociología inglesa y francesa es que conoce por experiencia únicamente las formas de una sociedad decadente y con todo candor toma los propios instintos de la decadencia como *norma* del juicio de valor sociológico. La vida *descendente,* la merma de toda fuerza organizadora, esto es, separadora, diferenciadora, jerarquizante, se formula en la sociología de ahora como *ideal...* Nuestros socialistas son un montón de *décadents;* pero también el señor Herbert Spencer es un *décadent:* ¡juzga deseable, por ejemplo, el triunfo del altruismo!...

## 38

*Mi noción de la libertad.* A veces el valor de una cosa no reside en lo que con ella se consigue, sino en lo que por ella se paga, en lo que nos *cuesta.* Consignaré un ejemplo. Las instituciones liberales, una vez impuestas dejan de ser pronto liberales; posteriormente, nada daña en forma tan grave y radical la libertad como las instituciones liberales. Sabidos son sus efectos: socavan la voluntad de poder, son la nivelación de montaña y valle elevada al plano de la moral, empequeñecen y llevan a la pusilanimidad y a la molicie; con ellas triunfa siempre el *hombre-rebaño.* El liberalismo significa el *desarrollo del hombre-rebaño...* Las mismas instituciones, mientras se brega por ellas, producen muy otros efectos; entonces promueven, en efecto, poderosamente la libertad. Bien mirado, es la guerra la que produce estos efectos; la guerra librada por instituciones liberales, que como guerra perpetúa los instintos *antiliberales.* Y la guerra educa para la libertad. Pues ¿qué significa libertad? Que se tiene la voluntad de responsabilidad personal. Que se mantiene la distancia jerárquica que diferencia. Que se llega a ser más indiferente hacia la penuria, la dureza, la privación y aun hacia la vida. Que se está pronto a sacrificar en aras de su causa vidas humanas, la propia inclusive. Significa la libertad que los instintos viriles, guerreros y triunfantes privan sobre otros instintos, por ejemplo, los de la "felicidad". El hombre *libertado,* y, sobre todo, el *espíritu* libertado, pisotea el despreciable bienestar con que sueñan mercachifles, cristianos, vacas, mujeres, ingleses y demás demócratas. El hombre libre es un *guerrero.*

¿Cuál es el criterio de la libertad en los individuos y los pueblos? La resistencia que es preciso superar, el esfuerzo que demanda el mantenerse *arriba*. El tipo más alto de hombres libres debiera buscarse allí donde continuamente se supera la resistencia más grande: a dos pasos de la tiranía, a un tris del trance de caer en la servidumbre. Esto es sicológicamente cierto si aquí se entiende por los "tiranos" instintos implacables y terribles que desafían contra sí el *maximum* de autoridad y disciplina: el tipo más hermoso es Julio César, y es también políticamente cierto, como lo prueba la historia. Ningún pueblo importante que *llegó a ser* un pueblo de valía, llegó a serlo bajo instituciones liberales; *el grave peligro* hizo de él algo digno de veneración: el peligro que nos da la noción de nuestros recursos, nuestras virtudes, nuestras armas, nuestro *espíritu;* que nos obliga, en suma, a ser fuertes... *Primer* axioma: hay que estar obligado a ser fuerte o si no, no se lo es nunca. Esos grandes semilleros del hombre fuerte, del tipo humano más fuerte que se ha dado jamás, las comunidades aristocráticas al estilo de Roma y Venecia, entendían la libertad exactamente en el sentido en que yo entiendo la palabra "libertad": como algo que se tiene y *no* se tiene, que se *quiere,* que se *conquista...*

39

*Crítica del modernismo.* Todo el mundo conviene en que nuestras instituciones ya no sirven para nada. Pero la culpa no la tienen ellas, sino *nosotros.* Tras haber perdido todos los instintos de los que surgen las instituciones, perdemos las instituciones porque ya no servimos para ellas. Siempre el modernismo ha sido la forma de decadencia del poder de organización; ya en *Humano, demasiado humano I,* 349, he definido la democracia moderna, junto con sus cosas a medio hacer, como el "Reich alemán", como *forma de decadencia del Estado.* Para que haya instituciones debe haber un tipo de voluntad distinto, imperativo, antiliberal hasta el *summum:* la voluntad de tradición, de autoridad de responsabilidad ante centurias por venir, de *solidaridad* de cadenas de generaciones hacia adelante y hacia atrás *in infinitum.* Si existe tal voluntad, se establece algo como el Imperio Romano o como Rusia, la *única* potencia que hoy tiene duración, que puede esperar, que puede aún dar promesas; Rusia, la antítesis de la miserable fragmentación y nerviosidad de Europa, que han hecho crisis con la fundación del Reich alemán... Todo el Occidente ha perdido esos instintos de los que surgen las instituciones, de los que surge el *porvenir:* no hay acaso nada tan reñido con su "espíritu moderno". Se vive para el hoy, muy de prisa; se vive de una manera muy irresponsable: precisamente a esto se le llama "libertad". Lo que *convierte* en instituciones las instituciones es despreciado, odiado, repudiado; en cuanto se pronuncia la palabra "autoridad" se cree correr peligro de caer en una nueva esclavitud. A tal extremo llega la *decadencia* en el instinto valorativo de nuestros políticos, de nuestros partidos políticos: *prefieren instintivamente* lo que desintegra, lo que acelera el proceso... Testimonio de ello es el *matrimonio moderno.* Éste claramente ha perdido su buen sentido; mas esto no constituye una objeción contra el matrimonio, sino contra el modernismo. Radicaba el buen sentido del matrimonio en la responsabilidad jurídica exclusiva del hombre, la que aseguraba equilibrio al matrimonio, el cual hoy cojea de ambas piernas. Radicaba el buen sentido del matrimonio en su indisolubilidad fundamental, la que le confería un acento que sabía *hacerse oír* frente a la contingencia de sentimiento, pasión y momento. Radicaba asimismo en la responsabilidad de las familias por la selección de los cónyuges. Con la creciente indulgencia en favor del casamiento por *amor* se ha eliminado de hecho el fundamento del matrimonio, aquello que *hace* de él una institución. No se funda jamás una institución sobre una idea; *no* se funda el matrimonio, como queda dicho, sobre el "amor", sino sobre el instinto sexual, el instinto de propiedad (mujer e hijo como propiedad), el instinto de *dominación,* que constantemente organiza el señorío más pequeño, la familia, y *necesita* de hijos y herederos para mantener también fisiológicamente un grado logrado de poder, influencia y riqueza; para preparar largas tareas, solidaridad instintiva a través de centurias. El matrimonio como institución implica ya la afirmación de la forma de organización más grande, más perdurable; si la sociedad misma no puede dar *garantías,* como un todo, hasta las generaciones más remotas, el matrimonio no tiene sentido. El matrimonio moderno ha *perdido* su sentido; en consecuencia, debe procederse a abolirlo.

40

*La cuestión obrera.* La estupidez, en el fondo; la degeneración de los instintos, que hoy día es la causa de *todas* las estupideces, reside en que exista una cuestión obrera. Hay cosas de las que no se hace *cuestión:* imperativo primordial del instinto. Yo no veo en absoluto qué quiere hacerse con el obrero europeo, una vez que se le ha convertido en cuestión. Se encuentra en una situación demasiado ventajosa como para no plantear su cuestión de una manera cada vez más categórica e imperiosa. Cuenta, en definitiva, con la ventaja de la superioridad numérica. Se ha desvanecido por completo la esperanza de que en el obrero se cristalice como clase un tipo humano modesto y que se baste a él mismo, lo cual hubiera tenido sentido, pues resultaba francamente necesario. ¿Qué se ha hecho? Se ha hecho todo por matar en germen hasta la idea de tal evolución; por obra de la más irresponsable despreocupación y ligereza se ha causado la destrucción total de los instintos, gracias a los cuales el obrero es factible, factible *para sí mismo,* como clase. Se ha desarrollado en el obrero la capacidad militar, se le ha acordado el derecho de coalición, el sufragio; no es de extrañar así que el obrero sienta en realidad su existencia como un apremio (moralmente hablando, como una injusticia). ¿Qué es lo que, en definitiva, se *quiere?* Si se intenta un fin, hay que procurar también los medios conducentes a su logro; si se quiere esclavos, es una locura educarlos para amos.

### 41

"Libertad a que yo *no* aspiro..." En tiempos como los actuales, estar librado a los instintos es una fatalidad más. Estos instintos se contradicen, se obstruyen y se destruyen unos a otros; yo defino lo *moderno* como la contradicción fisiológica consigo mismo. La razón, la educación, exigiría que bajo una presión férrea se *paralizara,* por lo menos, uno de estos sistemas de instintos para permitir a otro expandirse, adquirir fuerza y llegar a prevalecer. Hoy día debiera hacerse posible al individuo *podándolo:* posible quiere decir *íntegro...* Sin embargo, suele hacerse justamente lo contrario: los que con más vehemencia reivindican la independencia, el desarrollo libre de trabas, el *laisser aller,* son precisamente los que más tienen de rienda y freno, lo mismo *in politicis* que en arte. Mas se trata de un síntoma de la decadencia; nuestra noción moderna de la "libertad" es una prueba más de la degeneración de los instintos.

### 42

*Donde hace falta la fe.* Nada hay tan raro entre moralistas y santos como la probidad; tal vez afirmen lo contrario y es posible que hasta lo crean. Pues cuando creer es más útil, eficaz y convincente que fingir de modo *consciente,* el fingimiento, por instinto, no tarda en tornarse *inocencia:* tesis capital para la comprensión de los grandes santos. También en el caso de los filósofos, tipo diferente de santos; es un "gaje del oficio" eso de admitir solamente determinadas verdades, esto es, aquellas en base a las cuales su oficio cuenta con la sanción *pública;* en el lenguaje de Kant: verdades de la razón *práctica.* Saben lo que *deben* demostrar; en esto son gente práctica; el acuerdo sobre "las verdades" es el signo por el cual se reconocen. "No mentirás" significa, en definitiva: *cuidado,* señor filósofo, con decir la verdad...

### 43

*Una sugestión para los conservadores.* He aquí algo que antes no se supo y ahora se sabe: no es posible la *regresión,* el retorno, en ningún sentido ni grado. Los fisiólogos, por lo menos, lo sabemos. Mas todos los sacerdotes y moralistas han creído en esta posibilidad; pretendían retraer a la humanidad por la fuerza a una medida *anterior* de virtud. La moral siempre ha sido un lecho de Procusto. Hasta los políticos han seguido en esto las huellas de los predicadores de la virtud; hay aún partidos que sueñan con la *regresión* de todas las cosas. Sin embargo, nadie está en libertad de retroceder. Quiérase o no, hay que avanzar, quiere decir, *avanzar paso a paso por el camino de la décadence* (tal es *mi* definición del moderno "progreso"...). Se puede *poner trabas* a esta evolución y así estancar, acumular, hacer más vehemente y *fulminante* la degeneración misma, aunque no se pueda hacer más.

44

*Mi concepto del genio.* Los grandes hombres, como las grandes épocas, son explosivos donde está acumulado un poder tremendo; su propósito es siempre, en el orden histórico y el fisiológico, que durante largo tiempo se haya concentrado, acumulado, ahorrado y preservado con miras a ellos; que durante largo tiempo no haya ocurrido ninguna explosión. Cuando la tensión en la masa se ha hecho excesiva, basta el estímulo más casual para producir el "genio", la "magna realización", el gran destino. ¡Qué importa entonces el ambiente, la época, el "espíritu de la época", la "opinión pública"! Veamos el caso de Napoleón. La Francia de la Revolución, y sobre todo la de antes de la Revolución, hubiera producido el tipo opuesto al de Napoleón, y lo produjo, en efecto. Y porque Napoleón fue *diferente,* heredero de una civilización más fuerte, más larga, más antigua que aquella que se venía abajo en Francia, llegó a ser amo, *fue* únicamente el amo. Los grandes hombres son necesarios, la época en que se presentan es accidental; el que casi siempre lleguen a dominarla depende sólo de que sean más fuertes, más antiguos; de que durante más tiempo se hayan concentrado y acumulado con algún propósito. Entre un genio y su época existe una relación como entre lo fuerte y lo débil, también como entre lo viejo y lo joven; la época siempre es relativamente mucho más joven, floja, falta de madurez, falta de seguridad, infantil. Que prevalezca ahora en Francia una noción *muy diferente* sobre este asunto (también en Alemania, pero no importa); que allí la teoría del *milieu,* una verdadera teoría de neuróticos, haya llegado a ser sacrosanta y casi científica, aceptada hasta por los fisiólogos, "huele mal" e invita pensamientos melancólicos. Tampoco en Inglaterra se piensa sobre el particular; pero nadie se aflija. Al inglés le están abiertos tan sólo dos caminos: entendérselas con el genio y "gran hombre", ya sea *democráticamente,* al modo de Buckle, o *religiosamente,* al modo de Carlyle.

El *peligro* que entrañan los grandes hombres y las grandes épocas es extraordinario; les sigue de cerca el agotamiento en todo sentido, la esterilidad. El gran hombre es un final. El genio, en la obra, en la magna realización, es necesariamente un derrochador; el *gastarse* es su grandeza... El instinto de conservación está en él, en cierto modo, desconectado; la irresistible presión de las fuerzas desbordantes le impide todo cuidado y cautela de esta índole. Se le llama a esto "abnegación"; se ensalza el "heroísmo" de tal actitud, la indiferencia hacia el propio bienestar, la devoción por una idea, por una magna causa, por una patria; pero se trata, sin excepción, de malentendidos... El gran hombre rebosa, se desborda, se gasta sin reservas; fatalmente, involuntariamente, como es involuntario el desbordamiento de un río. Mas porque se debe mucho a tales expansiones se les ha desarrollado una especie de *moral superior...* Y bueno, es propio de la gratitud humana *entender mal* a sus bienhechores.

## 45

*El criminal y lo que es afín.* El criminal es el tipo del hombre fuerte bajo condiciones desfavorables, un hombre fuerte enfermo. Le falta la "selva", cierta naturaleza y forma de existencia más libres y peligrosas, donde esté *justificado* todo lo que es arma y armadura en el instinto del hombre fuerte. Sus *virtudes* están proscritas por la sociedad; sus impulsos más vivos no tardan en ligarse con los afectos depresivos, con el recelo, el miedo y el deshonor. Mas esto es casi la *receta* para la degeneración fisiológica. Quien hace subrepticiamente lo que mejor sabe hacer y que más le gustaría hacer, con sostenida tensión, cautela y astucia, se vuelve anémico, y como sus instintos siempre le valen tan sólo peligro, persecución y fatalidad, también su sentir se vuelve contra estos instintos: los siente de manera fatalista. En la sociedad, nuestra sociedad mansa, mediocre y castrada, es donde el hombre natural, que viene de la montaña o de las aventuras del mar, degenera necesariamente en criminal... O casi necesariamente, pues casos hay en que tal hombre resulta ser más fuerte que la sociedad. El corso Napoleón es el más famoso de ellos. Respecto al problema que aquí se plantea, es importante el testimonio de Dostoievsky, el único sicólogo, dicho sea de paso, que tuvo algo que enseñarme, constituyendo una de las venturas más sublimes de mi vida, en mayor grado aún que el descubrimiento de Stendhal. Este hombre *profundo,* quien tuvo diez veces razón de despreciar a los alemanes superficiales, sintió a los presidiarios siberianos, con los que convivió durante largo tiempo, criminales sin excepción, para los cuales no había retorno posible al seno de la sociedad, a pesar de lo que Dostoievsky supusiera: tallados poco más o menos en la madera más dura y preciosa que crece en tierra rusa. Generalicemos el caso del criminal; imaginemos a hombres a los que por cualquier razón se niega la sanción pública y que saben que no se los tiene por útiles: ese sentimiento *tshandala* de saberse considerado no como un igual, sino como proscrito, indigno e impuro. Todos los pensamientos y actos de estos hombres ostentan el color de lo que vive bajo tierra; en ellos todo se torna más pálido que en aquellos cuya existencia está bañada en la luz del día. Mas casi todas las formas de existencia que hoy exaltamos—el carácter científico, el artista, el genio, el espíritu libre, el actor, el mercader, el gran descubridor—se desenvolvieron en un tiempo en esta especie de lobreguez sepulcral... Mientras el *sacerdote* era reputado el tipo más alto, *todo* tipo humano valioso estaba desvalorizado... Día llegará, lo prometo, en que se lo reputará el tipo *más bajo,* nuestro *tshandala,* el tipo humano más mendaz e indecente... Llamo la atención sobre el hecho de que todavía hoy, bajo el régimen de las costumbres más suaves que se ha dado jamás, por lo menos en Europa, todo aparte, todo *debajo* prolongado, excesivamente prolongado, toda forma de existencia insólita, opaca, aproxima a ese tipo que el criminal representa. Todos los innovadores del espíritu llevan durante un tiempo estampado en la frente el signo fatal y fatalista del *tshandala; no* porque se los sienta como tales, sino porque ellos mismos sienten el pavoroso abismo que los separa de todo lo tradicional y sancionado. Casi todos los genios conocen como una de sus evoluciones la "existencia catilinaria", un sentimiento de odio, venganza y rebeldía dirigido contra todo lo que ya *es,* en vez de devenir... Catilina; la forma de preexistencia de *todo* César.

## 46

*Aquí la vista es libre.* Puede ser riqueza de alma si un filósofo calla; puede ser amor si se contradice a sí mismo; cabe una cortesía mentirosa del cognoscente. No dejan de tener un sentido sutil estas palabras: *el est indigne des grands cœurs de répandre le trouble, qu'ils ressentent;* sólo cabe agregar que no temer ni a *lo más indigno* puede también ser grandeza del alma. La mujer que ama sacrifica su honor; el cognoscente que "ama" sacrifica acaso su humanidad; un dios que amó se hizo judío...

## 47

*La belleza no es una casualidad.* También la belleza de una raza o familia, su gracia y bondad en todos los ademanes, es producto del trabajo; es, como el genio, el resultado final del trabajo acumulado de generaciones. Hay que haber hecho grandes sacrificios en aras del buen gusto; hay que haber hecho y dejado de hacer mucho por él; el siglo XVII de Francia es admirable en lo uno y lo otro; hay que haber tenido en él un principio selectivo para las compañías, los lugares, la indumentaria y la satisfacción del instinto sexual; hay que haber preferido la belleza a la ventaja, a la costumbre, a la opinión y a la indolencia. Máxima suprema: no se debe "dejarse estar" ni aun ante sí mismo. Las cosas buenas son sobremanera costosas, y siempre rige la ley de que quien las *tiene* no es el que las ha *adquirido.* Todo lo bueno es herencia; lo que no está heredado es imperfecto, es comienzo... En Atenas, en los días de Cicerón, quien expresó su asombro ante el hecho, los hombres y los jóvenes aventajaban ampliamente a las mujeres en hermosura, y también ¡hay que ver el trabajo y esfuerzo al servicio de la hermosura que el sexo masculino se venía imponiendo allí desde hacía siglos! Pues cuidado con equivocarse en este punto sobre el método; una mera disciplina de los sentimientos y pensamientos es de efecto casi nulo (y aquí radica el grave malentendido de la ilustración alemana, que es totalmente ilusoria). Hay que persuadir previamente el *cuerpo*. El mantenimiento riguroso de ademanes grandes y selectos, la obligación de tener trato exclusivo con personas que no "se dejan estar", basta en un todo para llegar a ser grande y selecto; al cabo de dos o tres generaciones todo es ya segunda naturaleza. Es decisivo para el destino del pueblo y humanidad que la cultura arranque del *punto justo, no* del "alma" (como fue la fatal superchería de los sacerdotes y semisacerdotes); el punto justo es el cuerpo, el ademán, la dieta, la fisiología, lo demás sigue naturalmente... Los griegos continúan siendo, por esto, el *acontecimiento cultural capital* de la historia: sabían, *hacían,* lo que hacía falta; el cristianismo, que despreciaba el cuerpo, ha sido la más grande calamidad del género humano.

### 48

*Progreso en mi sentido.* Yo también hablo de "retorno a la Naturaleza", aun cuando bien mirado no se trata de un regreso, sino de una *elevación.* Hacia la alta, libre y aun pavorosa Naturaleza y naturalidad, cualquiera que juega, tiene derecho a jugar con grandes tareas... Para decirlo alegóricamente: Napoleón fue un "retorno a la Naturaleza", como yo lo entiendo (por ejemplo, *in rebus tacticis,* y en mayor grado aún, como lo saben los militares, en estrategia). Pero Rousseau, ¿adónde quiso retornar, en definitiva? Rousseau, este primer hombre moderno, idealista y *ca-*

*naille* a un tiempo, que necesitaba de la dignidad moral para soportar su propio aspecto; enfermo de vanidad desenfrenada y de desprecio desenfrenado de sí mismo. También este engendro tendido en el umbral de los tiempos modernos quiso "retornar a la Naturaleza". ¿Adónde, repito la pregunta, quiso retornar Rousseau? Odio a Rousseau aun en la Revolución;. ella es la expresión histórica mundial de esta dualidad de idealista y *canaille*. La farsa sangrienta que caracterizó esta Revolución, su "inmoralidad", poco me importa; lo que odio es su *moralidad* a lo Rousseau, las llamadas "verdades" de la Revolución, con las cuales ésta todavía impresiona y atrae todo lo superficial y mediocre. ¡La doctrina de la igualdad!... No hay veneno más venenoso, pues *parece* predicada por la justicia misma, pero en realidad es el *fin* de la justicia... "La igualdad para los iguales, la desigualdad para los desiguales", tal sería el lenguaje justo de la justicia; amén de lo que se sigue de esto: "no hacer nunca igual lo que es desigual". Las circunstancias horribles y cruentas que rodearon esa doctrina de la igualdad han aureolado esta "idea moderna" por excelencia de una especie de nimbo y resplandor, de suerte que la Revolución como *espectáculo* ha seducido aun a los espíritus más nobles. Lo cual no es, en definitiva, una razón para tenerla en suficiente estima. Veo a un solo hombre que la sintió como debe ser sentida, con *asco;* este hombre fue Goethe...

49

*Goethe* no fue un acontecimiento alemán, sino un acontecimiento europeo: una grandiosa tentativa de superar al siglo XVIII por el retorno a la Naturaleza, por la elevación hacia la naturalidad del Renacimiento, una especie de autosuperación de parte de este siglo. Llevó en sí los instintos más fuertes del mismo: la sensibilidad emocionada, la idolatría de la Naturaleza, lo antihistórico, lo idealista, lo antirrealista y revolucionario (lo último no es más que una forma de lo antirrealista). Se valió de la historia, las ciencias naturales, la antigüedad y también de Spinoza, sobre todo de la actividad práctica; se cercó con horizontes cerrados; no se desligó de la vida, sino que se situó dentro de ella; no se arredró y cargó con todo lo que podía, colocó por encima de sí todo lo que podía, absorbió todo lo que podía. Aspiró a la *totalidad;* combatió la separación de la razón, la sensualidad, el sentimiento y la voluntad (predicada con la más repelente escolástica por *Kant,* el antípoda de Goethe); a fuerza de disciplina hizo de sí un todo; se *plasmó* a sí mismo... En plena época de corrientes antirrealistas, Goethe fue un realista convencido: decía sí a todo lo que en este punto acusaba afinidad con él; su experiencia más grande fue ese *ens realissimum* de nombre Napoleón. Concibió Goethe a un hombre fuerte, muy culto, diestro en todas las actividades físicas, dueño de sí mismo, reverente ante sí mismo, que tiene derecho a permitirse todo el volumen y riqueza de la naturalidad; que es lo suficientemente fuerte para disfrutar de libertad semejante; al hombre de la tolerancia, no por debilidad, sino por fuerza, porque sabe sacar provecho aun de aquello que significaría la ruina del hombre común; al hombre para el que ya no hay nada prohibido, como no sea la *debilidad,* se llame vicio o virtud... Tal espíritu *libertado* se sitúa dentro de los cosmos con un fatalismo sereno y confiado, poseído por la idea de que sólo lo particular es ruin y malo y que en el Todo se redimen y afirman todas las cosas; *ya no niega...* Más tal fe es la más elevada que pueda concebirse; la he bautizado con el nombre de *Dionisos.*

## 50

Pudiera decirse que en cierto sentido el siglo XIX también ha aspirado a todo aquello a que aspiró Goethe como persona: a la universalidad en la comprensión, en la afirmación; al estar abierto a todas las cosas; a un realismo audaz, y al respeto reverente por todo lo existente. ¿Cómo el resultado total no es, a pesar de ello, un Goethe, sino el caos, la lamentación nihilista, un desconcierto extremo, un instinto del cansancio que en la práctica impulsa constantemente a *retornar al siglo XVIII* (por ejemplo, como romanticismo sensiblero, como altruismo e hipersentimentalismo, como afeminación en el gusto, como socialismo en la política). ¿No es el siglo XIX, sobre todo en sus postrimerías, mero siglo XVIII robustecido, *vulgarizado;* esto es, un siglo de *décadence?* ¿De modo que Goethe sería para Alemania y para Europa apenas un incidente, un hermoso en vano? Pero a los grandes hombres se los entiende mal si se los enfoca bajo el ángulo mezquino de la utilidad pública. Que no se sepa sacar provecho de ellos *acaso sea propiedad esencial de la grandeza...*

## 51

Goethe es el último alemán que me inspira veneración; él hubiera sentido tres cosas que yo siento; también estamos de acuerdo sobre la "Cruz"... Se me pregunta por qué escribo *en alemán,* toda vez que en ninguna parte me leen tan mal como en mi patria. Pero ¿quién sabe, en definitiva, si yo deseo ser leído hoy día? Crear cosas en las que el tiempo trate de hincar el diente; aspirar en la forma, *en la sustancia,* a una pequeña inmortalidad, nunca he sido bastante modesto para exigirme menos. El aforismo y la sentencia (yo soy el primer alemán que es maestro en este dominio) son las formas de la "eternidad"; ambiciono decir en diez frases lo que otro cualquiera dice en un libro, lo que otro cualquiera *no* dice en un libro...

Yo he dado a la humanidad el libro *más profundo* que posee: mi *Zaratustra;* dentro de poco le daré el más independiente.


## LO QUE YO DEBO A LOS ANTIGUOS

### 1

Para terminar, quiero decir algunas palabras sobre ese mundo al que he buscado accesos y al que he encontrado tal vez un acceso nuevo: el mundo antiguo. También aquí mi gusto, que es acaso lo contrario de un gusto transigente, está lejos de decir sí abiertamente; en un plan general, no le agrada decir sí, le agrada más decir no, de preferencia no dice nada... Reza esto para culturas enteras, para los libros antiguos que cuentan en mi vida y los más famosos no figuran entre ellos. Mi sentido del estilo, del epigrama como estilo, se despertó casi instantáneamente al contacto con Salustio. No he olvidado el estupor de mi venerado maestro Corssen al tener que dar al peor alumno de su clase de latín la mejor nota; llegué de golpe a la meta. Prieto, severo, con la máxima cantidad de sustancia en el fondo y una fría malicia hacia la "palabra sonora", también hacia el "sentimiento sublime"; en esto me adiviné a mí mismo. Se reconocerá en mis escritos, hasta en el *Zaratustra,* una ambición muy seria de estilo *romano,* del "*aere perennius*" en el estilo. Lo mismo me pasó al primer contacto con Horacio. Hasta el día presente ningún poeta me ha deparado ese arrobo artístico que me brindaron las odas horacianas. Lenguas hay en que no puede ni siquiera aspirarse a lo que aquí está alcanzado. Este mosaico de palabras, donde cada palabra, como sonido, lugar y concepto, se desborda irradiando hacia la derecha y la izquierda y por sobre el todo su fuerza; este *minimum* en volumen y número de los signos; este *maximum* en energía de los signos así logrado—todo esto es romano y, si se quiere darme crédito, *aristocrático* por excelencia. Frente a esto, toda la demás poesía aparece como algo demasiado popular—como mera locuacidad lírica...

## 2

A los griegos no les debo en absoluto impresiones fuertes similares, y para decirlo sin ambages, no *pueden* ser para nosotros lo que son para nosotros los romanos. No se *aprende* de los griegos; su modo de ser es demasiado extraño, también demasiado fluido, como para presentarse como imperativo, "clasicismo". ¡Quién ha aprendido jamás a escribir de un autor griego! ¡Quién lo ha aprendido jamás *sin* los romanos!... No se recurra a Platón en contra de mi aserto. Considero a Platón con profundo escepticismo y nunca he sido capaz de compartir la admiración por el *artista* Platón, tan generalizada entre los eruditos. En última instancia, los más refinados jueces del gusto de la antigüedad mismas están de mi parte en esta cuestión. Entiendo que Platón mezcla todas las formas del estilo; es así un primer *décadent* del estilo. Tiene sobre la conciencia algo parecido a lo que tienen los cínicos, que inventaron la *satura Menippea*. El diálogo platónico, esta forma terriblemente vanidosa e infantil de la dialéctica, sólo puede encantar a quien nunca ha leído a buenos autores franceses, como Fontenelle. Platón es aburrido. En último análisis, mi recelo hacia Platón tiene raíces profundas. Lo encuentro tan desviado de todos los instintos fundamentales de los helenos, tan moralizado, tan preexistente-cristiano, ya el concepto del "bien" es su concepto supremo, que ante todo el fenómeno "Platón" me inclino por emplear el término duro "embuste superior" o, si se prefiere, "idealismo". Se ha pagado muy caro el que este ateniense buscara inspiración en los egipcios (¿o en los judíos residentes en Egipto?...). Dentro de la gran fatalidad del cristianismo, Platón es esa ambigüedad y seducción llamada "ideal" que permitió a los espíritus nobles de la antigüedad entenderse mal a sí mismos y cruzar el puente que conducía a la "cruz"... ¡Y cuánto Platón hay todavía en el concepto "Iglesia", en la estructura, el sistema y la práctica de la Iglesia! Mi solaz y preferencia, mi remedio contra todo platonismo, ha sido en todo tiempo *Tucídides*. Éste, y acaso el *Príncipe* de Maquiavelo, me son particularmente afines por la determinación incondicional de no engañarse a sí mismos y ver la razón en la *realidad, no* en la "razón" y menos en la "moral"... De la deplorable idealización de los griegos que el joven instruido en las humanidades clásicas se lleva a la vida, como fruto del adiestramiento a que se sometió en el colegio, nada cura tan radicalmente como Tucídides. Hay que saborearlo línea por línea y leer sus pensamientos secretos tan distintamente como sus palabras. Pocos pensadores hay tan pródigos en pensamientos secretos. En él halla su expresión cabal la *cultura de los sofistas,* vale decir, *la cultura de los realistas:* ese movimiento inestimable en medio del embuste moralista e idealista que empezaban a difundir a la sazón las escuelas socráticas. La filosofía griega, como la *décadence,* del instinto griego; Tucídides, como la gran suma, la última revelación de esa facticidad recia, severa y dura que caracterizaba el instinto de los helenos de los primeros tiempos. En definitiva, es la *valentía* ante la realidad la que diferencia a hombres como Tucídides y Platón; Platón es un cobarde ante la realidad, por ende se refugia en el ideal. Tucídides es dueño de sí mismo, por lo mismo dueño también de las cosas...

## 3

Barruntar en los griegos "almas sublimes", "justos medios" y otras perfecciones; admirar en ellos acaso la serenidad en la grandeza, la mentalidad idealista y la sublime ingenuidad... Contra esta "sublime ingenuidad", que en definitiva es una *niaiserie allemande,* me ha prevenido el sicólogo que yo llevo dentro. Vi su instinto más poderoso, la voluntad de poder; los vi estremecerse bajo el embate arrollador de este impulso; vi todas sus instituciones surgir de medidas preventivas, con miras a ponerse en la convivencia a buen recaudo de la dinamita de que estaban cargados. La tremenda tensión interior se descargaba entonces en terrible y despiadada enemistad hacia fuera; las ciudades se despedazaban unas con otras, para que en cada una de ellas los vecinos convivieran en paz. Era necesario ser fuerte, pues el peligro acechaba cerca, en todas partes. La magnífica agilidad física, el realismo intrépido y la inmoralidad audaz propios del heleno eran *apremio,* no "naturaleza". Estos rasgos se desarrollaron, no se dieron desde un principio. Y con las fiestas y las artes tampoco se perseguía otro propósito que el de sentirse *arriba* y *mostrarse* arriba; se trataba de medios de glorificarse a sí mismos, eventualmente de atemorizar... ¡Qué estupidez la de juzgar a los griegos al modo alemán por sus filósofos, de tomar acaso la estrechez y gazmoñería de las escuelas socráticas como revelación de la esencia helena!... ¡Si los filósofos son los *décadents* del helenismo, el contramovimiento dirigido contra el antiguo gusto aristocrático (contra el instinto agonal, contra la *polis,* contra el valor de la raza, contra la autoridad de las tradiciones)! Predicábanse las virtudes socráticas *porque* los griegos las habían perdido; irritables, temerosos, veleidosos, comediantes todos ellos, les sobraban algunas razones para oír la prédica moral. La prédica ciertamente no sería para nada; pero ¡son tan dados los *décadents* a las palabras y actitudes altisonantes!...

4

Yo he sido el primero en tomar en serio, para la comprensión del instinto heleno de los primeros tiempos, aún rico y hasta pletórico, ese fenómeno maravilloso que lleva el nombre de Dionisos; fenómeno que sólo puede ser explicado por un excedente de fuerza. Quien ahonda en el estudio de los griegos, como ese conocedor más profundo de su cultura, Jakob Burckhardt, de Basilea, se percata al momento de la significación de mi actitud. Insertó Burckhardt en su *Cultura de los griegos* un capítulo dedicado expresamente a dicho fenómeno. Para conocer la antítesis del mismo no hay más que considerar la pobreza casi hilarante de los instintos de que dan prueba los filólogos alemanes en cuanto se asoman a lo dionisíaco. Sobre todo el famoso Lobeck, que con el digno aplomo de un gusano secado entre libracos se introdujo en este mundo de estados misteriosos tratando de creer que así era científico, cuando en realidad era superficial y pueril en un grado que da asco. Lobeck ha dado a entender, en un máximo despliegue de erudición, que todas estas curiosidades en el fondo no significaban gran cosa. De hecho, los sacerdotes comunicarían a los participantes de tales orgías algunos datos nada fútiles; por ejemplo, que el vino excitaba la voluptuosidad; que el hombre se alimentaba eventualmente de frutos; que las plantas florecían en la primavera y se marchitaban en otoño. En cuanto a la desconcertante riqueza en ritos, símbolos y mitos de origen orgiástico que literalmente cubre el mundo antiguo, es para Lobeck motivo para aumentar un poquito su ingenio. "Los griegos—escribe en *Aglaofames* I, 672—cuando no tenían otra cosa que hacer reían, correteaban y se lanzaban por ahí, o bien, ya que el hombre a veces también siente estas ganas, se sentaban y prorrumpían en llanto y lamento. Luego otros se les acercaban y buscaban algún motivo que explicara tan rara conducta; así se desarrollaron como explicación de esas costumbres innumerables leyendas y mitos. Por otra parte, se creía que ese *comportamiento gracioso* que se registraba en los días de fiesta era un rasgo esencial de las fiestas, y así lo preservaban como parte imprescindible del culto." Esto es un solemne disparate; no se tomará en serio a Lobeck ni por un instante. Con muy otra disposición examinamos el concepto "griego" que se han formado Winckelmann y Goethe, y lo encontramos incompatible con ese elemento del que surge el arte dionisíaco: con el orgiástico. En efecto, no dudo de que Goethe hubiera negado de plano que algo semejante cupiese dentro de las posibilidades del alma griega. *Quiere decir que Goethe no comprendió a los griegos.* Pues sólo en los misterios dionisíacos, en la sicología del estado dionisíaco, se expresa el *hecho*

215

*fundamental* del instinto heleno: su "voluntad de vida". ¿Qué se garantizaba el heleno con estos misterios? La vida *eterna,* el eterno retorno a la vida; el futuro prometido y consagrado en el pasado; el triunfante sí a la vida más allá de la muerte y mutación; la vida *verdadera* como pervivencia total, por la procreación, por los misterios de la sexualidad. De ahí que para los griegos el símbolo *sexual* fuera el símbolo venerable en sí, la profundidad propiamente dicha en toda la piedad antigua. Todo pormenor relativo al acto de la procreación, al embarazo y al parto suscitaba los sentimientos más elevados y solemnes. En la doctrina de los misterios está santificado el *dolor:* los "dolores de la parturienta" santifican el dolor en sí; todo nacer y crecer, todo lo que garantiza el futuro, *determina* el dolor... Para que haya eterno goce de la creación, para que la voluntad de vida eternamente se afirme a sí misma, debe haber también eternamente por fuerza la "agonía de la parturienta"... Todo esto encierra la significación de la palabra "Dionisos"; yo no conozco simbolismo más elevado que este simbolismo griego, el de las dionisas. En él, el instinto más profundo de la vida, el del futuro de la vida, de la eternidad de la vida, está sentido religiosamente, y el camino mismo a la vida, la procreación, como el camino *santo*... Sólo el cristianismo, con su resentimiento fundamental dirigido *contra* la vida, ha hecho de la sexualidad algo impuro: ha *enlodado* el principio, la premisa de nuestra vida...

### 5

La sicología de lo orgiástico, como de un sentimiento pletórico de vitalidad y fuerza dentro del cual aun el dolor obra como estimulante, me ha ofrecido la clave del concepto del sentimiento *trágico,* que tanto Aristóteles como, en particular, nuestros pesimistas, han entendido mal. La tragedia, lejos de corroborar el pesimismo de los helenos en el sentido de Schopenhauer, ha de ser considerada como rotunda refutación y antítesis del mismo. El decir sí a la vida, aun en sus problemas más extraños y penosos, la voluntad de vida gozando con la propia inagotabilidad en el sacrificio de sus tipos más elevados : a esto es a lo que he llamado dionisíaco, lo que he adivinado como clave de la sicología del poeta *trágico. No* para librarse de terror y de la compasión, *no* para purgarse de un peligroso afecto por la descarga violenta del mismo, como creyó Aristóteles, sino para *ser personalmente,* más allá de terror y compasión, el goce eterno del devenir, ese goce que comprende aun el goce del destruir... Y así llego de vuelta al punto del que en un tiempo partí : *El origen de la tragedia* que fue mi primera transmutación de todos los valores. Así me reintegro al suelo del que brota mi querer y mi *poder* —yo, el último discípulo del filósofo Dionisos—, yo, el pregonero del eterno retorno...

## HABLA EL MARTILLO

«"¿Por qué tan duro?—dijo cierta vez el carbón al diamante—; ¿acaso no somos parientes cercanos?"

¿Por qué tan blandos, hermanos?—os pregunto yo a vosotros—; ¿acaso no sois mis hermanos?

¿Por qué tan blandos y acomodaticios? ¿Por qué hay tanta negación y retractación en vuestro corazón? ¿Por qué igualmente tan poca fatalidad en vuestro mirar?

Y si no estáis dispuestos a ser fatales e inexorables, ¿cómo podríais un día triunfar conmigo?

Y si vuestra dureza no quiere fulminar y cortar y deshacer, ¿cómo podríais un día crear conmigo?

Pues todos los creadores son duros. Y os ha de parecer goce inefable poner vuestra mano encima de milenios como si fuesen cera.

Inscribir en la voluntad de milenios cual en bronce; más duros y más nobles que el bronce. Sólo lo más noble es de máxima dureza.

. ¡Volveos duros! He aquí la nueva tabla, hermanos, que coloco por encima de vosotros.»

FIN DE

"CÓMO SE FILOSOFA A MARTILLAZOS"

# ÚLTIMOS TÍTULOS PUBLICADOS